Phrasal Verbs

Tanuljuk meg a

100

legfontosabbat!

OXFORD

UNIVERSITY PRESS

OXFORD
UNIVERSITY PRESS

Great Clarendon Street, Oxford OX2 6DP

Oxford University Press is a department of the University of Oxford.
It furthers the University's objective of excellence in research, scholarship,
and education by publishing worldwide in

Oxford New York

Auckland Bangkok Buenos Aires Cape Town Chennai
Dar es Salaam Delhi Hong Kong Istanbul Karachi Kolkata
Kuala Lumpur Madrid Melbourne Mexico City Mumbai Nairobi
São Paulo Shanghai Taipei Tokyo Toronto

Oxford and Oxford English are registered trade marks of
Oxford University Press in the UK and in certain other countries

ISBN 0 19 431608 4

Data capture and typesetting by Oxford University Press

Printed in China

Tartalom

Útmutató a könyv használatához

A *phrasal verb* igéből és határozószóból, illetve igéből, határozószóból és elöljáróból álló kifejezés. Ez a könyv az angol nyelv száz leggyakrabban használt, legfontosabb ilyen szerkezetű kifejezését és azok legfontosabb jelentéseit dolgozza fel. Ezeknek a kifejezéseknek a könyvben található jelentéseken kívül más jelentései is léteznek. Könyvünk célja az, hogy a mindennapokban a leginkább szükséges kifejezéseket tanítsa meg.

A kifejezések a bennük szereplő igék szerinti ábécé sorrendben szerepelnek, majd pedig az igéhez kapcsolódó szócskák szerinti betűrendben. A második részben először mindenhol az ige + a hozzá kapcsolódó szócska szerepel. Először olyan kifejezéseket adunk meg, amelyekhez nem szükséges tárgyat tenni, ezeket követik azok, amelyek tárggyal vagy anélkül is használhatók, végül pedig a csak tárggyal együtt használható kifejezések. Így a **work out** előbb szerepel, mint a **work something out**, és a **check out**, ill. **check out of something** megelőzi a **check somebody/something out** kifejezéseket. Az oldalak természetesen bármilyen sorrendben tanulmányozhatók, mivel minden egyes oldal csak egy kifejezést dolgoz fel.

95 wake up; wake somebody up

↑ A **Cím** minden oldalon a kifejezés szótári alakja. Ez már nyújt némi nyelvtani útmutatást arra vonatkozóan, hogy a kifejezéshez kell-e tárgyat kapcsolnunk, és a tárgynak élőlénynek kell-e lennie.

Példamondatok

▶ He's always in a bad mood when he **wakes up**.
  Ébredéskor mindig rossz a kedve.
▶ Please try not to **wake** the baby **up**. I've only just got him to sleep.
  Kérlek ne ébreszd fel a kisbabát. Épp most altattam el.
▶ Sh! You'll **wake up** the whole family if you don't keep quiet.
  Pszt! Felébreszted az egész családot, ha nem maradsz csendben.
▶ Will you **wake** me **up** at 7 o'clock tomorrow, please?
  Kérlek kelts fel reggel 7 órakor.
▶ We **were woken up** by the sound of breaking glass.
  Csörömpölésre ébredtünk fel.

↑ A **Példamondatok** rendkívül fontosak, ezért gondos tanulmányozást igényelnek. Innen tudhatjuk meg, hogy az adott kifejezés milyen szövegösszefüggésben használható, illetve azt, hogyan használják a leggyakrabban. Ez a rész mutatja meg azt is, milyen nyelvtani szerkezetekben lehet az adott kifejezést használni. Ide kell visszalapoznunk, ha gondot okoz a további feladatok megoldása.

Ellenőrzés

Használja a fenti példamondatokat a gyakorlat megoldásához!

Jelentés

1 Mi a **wake up** ellentéte? Válasszon ki egyet az alábbiak közül!

a get out of bed
b lie down
c go to sleep

Nyelvtan

2 A következő mondatok közül melyek a nyelvtanilag helyesek?

a She woke up.
b She woke her father up.
c She woke up her father.
d She woke him up.
e She woke up him.
f He was woken up.

Ellenőrzés

Jelentés

Ne felejtsünk el visszatérni a példamondatokhoz, azok nyújtanak segítséget a kifejezések jelentésének megértésében a szövegösszefüggés alapján.

Nyelvtan

Ebben a részben arra kell választ adnunk, hogy az adott mondat nyelvtanilag helyes-e. Ebből tanulhatjuk meg, hogy az adott kifejezés milyen mondatszerkezetekben használható. Ne felejtsük el, hogy a **Példamondatok** című bekezdésben minden lehetséges mondatszerkezet szerepel. A helyes választ karikázzuk be, vagy tegyünk mellé keresztet (✗) vagy pipát (✔).

Gyakorlás

3 Válaszoljon a következő kérdésekre, használja a **wake up/ wake somebody up** megfelelő alakját!

a Did you sleep well last night?
No, I _____

b Is Dad still in bed?
Yes. Don't _____

4 A következő mondatok közül néhány hibás. Keresse meg és javítsa ki a hibákat!

a It's 8 o'clock. Shall I wake Sarah up now?
b Why do you always wake up me when you come home? Can't you be quieter?
c She was waked up three times during the night by the noise outside.

Mielőtt elkezdjük a **Gyakorlás** feladatait, feltétlenül ellenőrizzük a **Jelentés** és a **Nyelvtan** feladataira adott válaszaink helyességét. A **Gyakorlás** részben egy vagy két feladatsor található, ezek lehetőséget nyújtanak az addig elsajátított ismeretek gyakorlására, és megtanítják, hogyan lehet a kifejezéseket természetesen használni. Ha valamire nem emlékszünk, újra tanulmányozhatjuk a **Példamondatok** vagy az **Ellenőrzés** részeket. Miután elvégeztük a feladatokat, gondosan ellenőrizzük válaszainkat!

Szókincsfejlesztés

Származékszavak

MELLÉKNÉV: **wake-up** (= *ébresztő*)
[Csak főnév előtt használatos.]

■ A **wake-up call** telefonébresztést jelent.

↑ A **Szókincsfejlesztés** további szükséges vagy különösen hasznos információkat tartalmaz. Például a **wake up** kifejezés alatt a belőle származó kifejezések is szerepelnek. Innen megtudhatjuk, létezik-e a tárgyalt kifejezésből képzett főnév vagy melléknév.

További információk, amelyek még ebben a részben találhatók:

További jelentések

Itt arra kapunk választ, vajon az adott kifejezésnek létezik-e más jelentése, esetleg más, gyakori értelmezése, amit hasznos tudnunk.

Szinonim kifejezések, hasonló jelentésű kifejezések

Itt találjuk meg a további, gyakran előforduló, hasonló jelentésű kifejezéseket vagy igéket.

Ellentétes jelentésű kifejezések

Ebben a részben szerepelnek a tárgyalt kifejezéssel ellentétes jelentésű kifejezések.

Ismétlés

Ezek az oldalak a kifejezésekben az igékhez kapcsolódó szócskák jelentését tárgyalják, továbbá lehetőséget adnak annak ellenőrzésére, mennyire sajátítottuk el a könyvben feldolgozott anyagot. Hasznos lehet a hátsó borító belső oldalán felsorolt szavak áttekintése is. Ebben a részben találhatók még gyakorlatok a két leggyakoribb ige, a **get** és a **put** használatára. A feladatok megoldását lásd a 121. oldalon.

Miniszótár és kulcs

A könyv végén kapott helyet a miniszótár és a kulcs. A könyvben található feladatok megoldásán kívül a miniszótárban megtalálható a könyvben szereplő összes kifejezés magyar fordítása, az igék fonetikai átírása, valamint a kifejezések helyes használatára vonatkozó néhány további tanács.

1 **be up to** somebody

Példamondatok

- ▶ It **was up to** Roger to make sure all the doors and windows were locked.
  Rogernek kellett arról gondoskodnia, hogy minden ajtó és ablak be legyen zárva.
- ▶ The decision**'s** not **up to** her – it**'s up to** her manager.
  A döntés nem tőle függ, hanem a főnökétől.
- ▶ It's your birthday, so what we do tonight **is up to** you.
  A te születésnapod van, te döntöd el, mit csináljunk ma este.
- ▶ 'Can I have a computer for Christmas?' 'That**'s up to** your father.'
  „Kaphatok karácsonyra egy számítógépet?" „Ez édesapádtól függ."

Ellenőrzés

Használja a fenti példamondatokat a gyakorlat megoldásához!

Jelentés

1 A **be up to somebody** kifejezésnek
két, egymással rokon jelentése van.
Melyik mondat jelentése azonos az 1.,
illetve a 2. pontban megadott
példamondat jelentésével?

It was up to her to cook dinner on Mondays.

a It was her decision.
b) It was her responsibility.

'Shall we go out?' 'It's up to you.'

a) It is your decision.
b It is your responsibility.

Nyelvtan

2 A következő mondatok közül melyek
a nyelvtanilag helyesek?

a It's the boss up to.
b) It's up to the boss.
c It's her up to.
d) It's up to her.

Gyakorlás

3 Egészítse ki a következő mondatokat a **be up to somebody**
megfelelő alakjával és a felsoroltak közül az egyik tárggyal!

| you   students   her   the prosecution lawyer |

a It _is up to students_ _____ to find their own accommodation.
b It _is up to the prosecution lawyer_ to prove that somebody is guilty in court.
c I don't mind where we go – it _is up to you_ _____.
d Jenny can go to the party if she likes – it _'s up to her_ _____.

4 Válaszoljon a következő kérdésekre, mindegyik válaszban
használja a **be up to somebody** megfelelő alakját!

a Can you have time off work next week?
  That's up to _my boss_ _____.

b Does your mother tidy your room for you?
  No, it's _up to me_ _____.

c Will he go to jail?
  That's _up to the trial_ _____.

MEGOLDÁS → 111. old., **be up to sb** alatt.

2 be up to something

Ellenőrzés

Használja a fenti példamondatokat a gyakorlat megoldásához!

Jelentés

1 Az alábbi mondatok közül melyiknek a jelentése egyezik meg az adott példamondat jelentésével?

What are you up to?

a What is your job?
b What are you doing?
c Where are you?
d What do you think?

2 What are you up to?

Ha valakinek ezt a kérdést tesszük fel azt feltételezzük, hogy valami rosszat, valami jót vagy valami izgalmasat csinál?

Nyelvtan

3 A következő mondatok közül melyek a nyelvtanilag helyesek?

a He's up to something.
b He's something up to.
c Something was up to him.

Gyakorlás

4 Alkosson a következő fél mondatokból egy-egy teljes mondatot!

a I'm going to tell his parents
b We have to find out
c I haven't seen you for weeks.
d He's gone out again.

i What have you been up to?
ii what their son has been up to.
iii what these people are up to.
iv I think he's up to something.

5 Tegyen fel egy-egy kérdést a megadott utasítás szerint, mindegyik kérdésben használja a **be up to** kifejezést!

a Your friend is very tired this morning.
Ask what he/she did last night.
So, what were you up to last night ?

b A little boy is covered in mud.
Ask his mother what he has been doing.
What has your son been up to ?

c The children are very quiet.
Ask your friend if he/she thinks they are doing something naughty.
Do you think they are up to sg naughty ?

MEGOLDÁS → 111. old., **be up to sth** alatt.

3 blow up; blow something/somebody up

Példamondatok

- ▶ There was a huge bang as the fuel tank **blew up**.
  Hatalmas durranást lehetett hallani, amikor az üzemanyagtartály felrobbant.
- ▶ In 1605 Guy Fawkes tried to **blow up** Parliament and the King.
  1605-ben Guy Fawkes megpróbálta felrobbantani az angol parlamentet és a királyt.
- ▶ They threatened to **blow** the building **up**.
  Azzal fenyegetőztek, hogy felrobbantják az épületet.
- ▶ The thieves robbed the store and then **blew** it **up**.
  A rablók először kirabolták az üzletet, majd felrobbantották.
- ▶ The two men **were** tragically **blown up** by a car bomb in 1987.
  A két férfi tragikus balesetet szenvedett, amikor 1987-ben egy autóban elhelyezett bomba felrobbant.

Ellenőrzés

Használja a fenti példamondatokat a gyakorlat megoldásához!

Jelentés

Döntse el, hogy az alábbiak közül melyik felel meg a **blow up** jelentésének!

a to explode or be destroyed by an explosion
b to be badly damaged or destroyed by a strong wind

Döntse el, hogy az alábbiak közül melyik felel meg a **blow something/ somebody up** jelentésének!

a to destroy something or kill somebody with a bomb or an explosion
b (used about strong winds) to knock something to the ground and badly damage it; to knock somebody down and badly injure them

Nyelvtan

A következő mondatok közül melyek a nyelvtanilag helyesek?

a The factory blew up.
b They blew the factory up.
c They blew up the factory.
d They blew it up.
e They blew up him.
f The factory was blown up.

Gyakorlás

4 Egészítse ki a következő mondatokat a **blow up** vagy **blow something/ somebody up** megfelelő alakjával és szükség esetén a felsoroltak közül az egyik tárggyal!

> the offices   the company director   it

a The demonstrators threatened to
_____
if their demands were not met.

b We were sent home from school when the old heating boiler
_____.

c They laid explosives all along the bridge and
_____.

d An attempt was made to _____
_____,
but luckily he escaped unharmed.

Szókincsfejlesztés

Származékszavak

- ■ FŐNÉV: **blow-up** (= *robban(t)ás*)
  [Főleg az amerikai angolban használatos.]
- ▶ The mixture of chemicals caused a massive **blow-up**.
  A vegyianyagok keverése hatalmas robbanást idézett elő.

MEGOLDÁS → 111. old., **blow up; blow sth/sb up** alatt.

4 blow something up

Példamondatok

- We **blow up** lots of balloons for the party.
  Sok léggömböt fújtunk fel a partira.
- They used the pump to **blow** the air bed **up**.
  Pumpa segítségével fújták fel a gumimatracot.
- The balloon will burst if you **blow** it **up** too much.
  A léggömb szét fog pukkadni, ha túlságosan felfújod.
- Can you check the tyres? I think they need to **be blown up** a bit.
  Ellenőriznéd az abroncsokat? Szerintem egy kicsit föl kellene fújni őket.

Ellenőrzés

Használja a fenti példamondatokat a gyakorlat megoldásához!

Jelentés

1 A következő szavak közül válasszon ki kettőt, amelyekkel kiegészítve megkapjuk a **blow something up** definícióját!

| water   gas   air   petrol   wind |

to fill something with _____
or _____

2 A következő felsorolásból melyek lehetnek a **blow up** tárgyai?

a a ball   c your cheeks   e a car
b a balloon   d a tyre

Nyelvtan

3 A következő mondatok közül melyek a nyelvtanilag helyesek?

a We blew the balloons up.
b We blew up the balloons.
c We blew them up.
d We blew up them.
e The balloons were blown up.

Gyakorlás

4 Válaszoljon a következő kérdésekre, használja a **blow something up** megfelelő alakját!

a Is everything ready for the party?
  No, _____ .

b Did you check the tyres on my bicycle for me?_____ .

Szókincsfejlesztés

Származékszavak

- ■ MELLÉKNÉV: **blow-up** (= *felfújható*)
  [Csak főnév előtt használjuk.]
- We bought him a **blow-up** pillow for the long bus journey.
  Vettünk neki egy felfújható párnát a hosszú buszutazásra.

További jelentések

- ■ A **blow something up** azt is jelentheti „felnagyít, kinagyít" pl. fényképet, képet stb.:
- What a lovely photo!
  Shall we have it **blown up**?
  Milyen csodálatos ez a fénykép! Kinagyíttassuk?

MEGOLDÁS → 111. old., **blow sth up** alatt.

5 break down

Ellenőrzés

Használja a fenti példamondatokat a gyakorlat megoldásához!

Jelentés

A következő felsorolásból melyek lehetnek a **break down** alanyai?

a tools
b machines
c vehicles

Nyelvtan

2 A következő modatok közül melyek a nyelvtanilag helyesek?

a We broke down.
b We broke down the car.
c The car broke down.
d The car broke itself down.

Gyakorlás

Break vagy **break down**? Válasszon a két lehetőség közül!

a Can I borrow your pen? Mine's *broken/broken down*.
b If the air conditioning system *breaks/breaks down*, call the engineer.
c I tried to cut some very thick paper and the scissors *broke/broke down*.
d 'My new mobile phone's *broken/broken down*.' 'Did you drop it again?'

Válaszoljon az alábbi kérdésekre a **break down** kifejezés segítségével!

a Why are you washing your clothes by hand?
Because _____.

b Is your car reliable?
Yes, _____.

Szókincsfejlesztés

Származékszavak

■ FŐNÉV: **a breakdown** (= *üzemzavar, gép-/motorhiba*)
▶ We had a **breakdown** on the way home.
Az úton hazafelé lerobbant az autó.

■ MELLÉKNÉV: **broken-down** (= *lerobbant, elromlott*)
[Rendszerint főnév előtt használjuk.]
▶ a **broken-down** car
lerobbant kocsi

■ Ezeket a szavakat általában járművekkel kapcsolatban használják.

MEGOLDÁS → 111. old., **break down** alatt.

6 break up

Példamondatok

▶ It's always hard when a marriage **breaks up**, especially if there are children.
Ha egy házasság felbomlik, az mindig nehéz, különösen, ha gyerekek is vannak.

▶ After three albums, the band **broke up** in order to have solo careers.
Három nagylemez után az együttes feloszlott, mert a tagok szóló karriert akartak csinálni.

▶ He's just **broken up** with his girlfriend.
Épp mostanában szakított a barátnőjével.

▶ 'Why are you crying?' 'Chris thinks we should **break up**.'
„Miért sírsz?" „Chris szerint szakítanunk kellene."

Ellenőrzés

Használja a fenti példamondatokat a gyakorlat megoldásához!

Jelentés

1 Egészítse ki a következő mondatokat a zárójelben található egyik szóval vagy kifejezéssel!

a If a relationship breaks up, it

_____ .

(is unhappy/comes to an end)

b If people break up, they

_____ .

(end a relationship/get divorced)

Nyelvtan

2 A következő mondatok közül melyek a nyelvtanilag helyesek?

a They broke up.
b He broke up.
c He broke up with her.
d The marriage broke up.

Gyakorlás

3 Egészítse ki a következő mondatokat az alábbiak közül egy-egy alannyal, mindegyiket csak egyszer használja!

> many bands   her marriage   she

a _____ broke up in 1985, leaving her to raise two children on her own.

b _____ break up because of personality clashes between members.

c Pat was very depressed after _____ broke up with John.

4 Válaszoljon a következő kérdésre kétféleképpen, használja a **break up** kifejezést!

Are Mark and Liz still together?

No, _____ .

Yes, _____ .

Szókincsfejlesztés

Származékszavak

■ FŐNÉV: **break-up** (= *szakítás*)
[Ez a főnév általában megszámlálható.]

▶ He moved away after the **break-up** of his marriage.
A házassága felbomlása után elköltözött.

Szinonim kifejezések

■ A **split up** jelentése és használata, csak annyiban tér el a **break up** kifejezésétől, hogy az előbbi alanya mindig élőlény:

▶ Did you know Sue has **split up** with Jake?
Tudtad, hogy Sue szakított Jake-kel?

MEGOLDÁS → 111. old., **break up** alatt.

7 bring somebody up

Példamondatok

- ▶ I would prefer not to **bring** my children **up** in a big city.
  Jobb szeretném, ha nem kellene a gyerekeket egy nagyvárosban felnevelni.
- ▶ My aunt **brought up** her three children without any help.
  A nagynéném segítség nélkül nevelte fel három gyermekét.
- ▶ His mother **brought** him **up** to always say 'please' and 'thank you'.
  *Az édesanyja ránevelte arra, hogy mindig mondjon „kérem"
  -et és „köszönöm"-öt.*
- ▶ She **was brought up** in the countryside.
  Vidéken nőtt föl.

Ellenőrzés

Használja a fenti példamondatokat a gyakorlat megoldásához!

Jelentés

Az alábbi kifejezések közül, melyik kettő áll közel a **bring somebody up** jelentéséhez?

a to care for somebody until they are an adult
b to make somebody behave in an adult way
c to teach somebody how to behave

Nyelvtan

2 A következő mondatok közül melyek a nyelvtanilag helyesek?

a She brought her son up.
b She brought up her son.
c She brought him up.
d She brought up him.
e He was brought up by his aunt.

Gyakorlás

Egészítse ki a következő mondatokat a **bring up** megfelelő alakjával és a felsoroltak közül az egyik tárggyal/alannyal!

> I   him   boys and girls

a His parents died when he was young, so his grandparents _____ .
b Do you think parents should _____ in the same way?
c _____ on a farm.

Használja a **bring somebody up** kifejezést és írjon két mondatot a gyerekkoráról!

_____ .
_____ .

Szókincsfejlesztés

Származékszavak

- ■ FŐNÉV: **upbringing** (= *neveltetés*)
  [Ez a főnév használható megszámlálható és megszámlálhatatlan főnévként is.]
- ▶ She had a very strict **upbringing**.
  Szigorú neveltetésben részesült.

Hasonló jelentésű kifejezések

- ■ Lásd még a következő hasonló jelentésű kifejezések **grow up**, **look after somebody** .

MEGOLDÁS → 111. old., **bring sb up** alatt.

8 call back; call somebody back

Példamondatok

- ▶ I'm afraid Mr. Smith is in a meeting. Can you **call back** later?
  Mr. Smith sajnos értekezleten van. Vissza tudná hívni később?
- ▶ There's a phone message for you: can you **call** John **back** this evening?
  Telefonüzeneted van: hívd vissza Johnt ma este!
- ▶ I left lots of messages for Sue, but she never **called** me **back**.
  Egy csomó üzenetet hagytam Sue-nak, de nem hívott vissza.

Ellenőrzés

Használja a fenti példamondatokat a gyakorlat megoldásához!

Jelentés

1 Az alábbi mondatok közül kettő helyes magyarázatát adja a **call (somebody) back** kifejezésnek. Melyik a <u>helytelen</u>?

a to telephone somebody again
b to telephone somebody
c to telephone somebody who telephoned you earlier

Nyelvtan

2 A következő mondatok közül melyek a nyelvtanilag helyesek?

a I called back later.
b I called my parents back later.
c I called back my parents later.
d I called them back later.
e I called back them later.

Gyakorlás

3 Egészítse ki a következő mondatokat a **call back** vagy **call somebody back** megfelelő alakjával és a még szükséges szavakkal!

a She wasn't in when I phoned the first time, so I _____ .
b I'm rather busy at the moment, Sam. Can I _____ ?
c I left a message with his secretary and he _____ .
d I've phoned her three times today, but she _____ .

Szókincsfejlesztés

Származékszavak

- ■ FŐNÉV: **callback** (= *hívásismétlő*)
- ▶ a **callback** facility
  hívásismétlő (szolgáltatás)
- ■ A **call** helyett más igék is használhatók, különösen a brit angolban:
- ▶ I'll **ring/phone** you **back** with the details later.
  Később visszahívlak, és tájékoztatlak a részletekről.

MEGOLDÁS → 111. old., **call back**; **call sb back** alatt.

9 catch up; catch somebody/something up

Példamondatok

- ► They're a long way in front. Do you think we can **catch up**?
  Jóval előttünk vannak. Gondolod, hogy utolérjük őket?
- ► He ran to **catch up** with her.
  Futott, hogy utolérje.
- ► You go ahead. I'll **catch** you **up** in a few minutes.
  Menj csak előre. Pár perc múlva majd utolérlek.
- ► The police finally **caught up** with the car at the traffic lights.
  A rendőrség végülis utolérte az autót a közlekedési lámpánál.

Ellenőrzés

Használja a fenti példamondatokat a gyakorlat megoldásához!

Jelentés

You are in a race and you catch up with somebody.

A következő mondatok közül melyik fejezi ki azt, ami történt?

a They were ahead of you.
b You had to run faster than them.
c They are still in front of you.
d You are now in front of them.
e You are now level with them.

Nyelvtan

2 A következő mondatok közül melyek a nyelvtanilag helyesek?

a She caught up.
b She caught Tom up.
c She caught up Tom.
d She caught him up.
e She caught up with him.

Gyakorlás

Egészítse ki a következő mondatokat a **catch up** vagy **catch somebody/something up** megfelelő alakjával és szükség esetén egyéb szavakkal!

a He told me to go on ahead and said he _____.
b She was driving so fast that I _____.
c I often had to stop and let him _____.
d If you run fast, nobody _____.

Szókincsfejlesztés

További jelentések

- ■ Az ige másik jelentése: „felzárkózik valakihez":
- ► She missed some lessons and had to work hard to **catch up** with the rest of the class.
  Hiányzott néhány óráról és sokat kellett tanulnia, hogy behozza a lemaradást.
- ► The company will probably **catch up** with its competitors within a couple of years.
  A cég néhány éven belül valószínűleg felzárkózik a versenytársak mellé.

Hasonló jelentésű kifejezések

- ■ Lásd még a **keep up** igét, melynek hasonló a jelentése.

MEGOLDÁS → 111. old., **catch up**; **catch sb/sth up** alatt.

10 check in; check somebody/something in

Példamondatok

- ▶ It's a good idea to **check in** two hours before your flight is due to leave.
  Ajánlatos a járat indulása előtt két órával jelentkezni a repülőtéren.
- ▶ The telephone kept ringing as he was trying to **check** the guests **in**.
  Folyton csengett a telefon, miközben a vendégek bejelentkezését intézte.
- ▶ Has she **checked** you **in** yet?
  Elfogadta már a bejelentkezésedet?
- ▶ All the passengers have **been checked in** now.
  Minden utas bejelentkezett már.
- ▶ I watched the car leave, then went to **check in** my suitcases.
  Miután elment az autó, elindultam, hogy kezeltessem a jegyemet és a poggyászomat.
- ▶ Have you **checked** them **in**?
  Leadtad már a bőröndöket?

Ellenőrzés

Használja a fenti példamondatokat a gyakorlat megoldásához!

Jelentés

1 Döntse el, hogy az alábbi definíciók közül melyik felel meg leginkább a **check somebody in** jelentésének:

- **a** to make sure that sb is in the correct place, is doing things correctly, etc.
- **b** to take sb's name, check their reservation, give them a key, documents, etc.

2 Döntse el, hogy az alábbi definíciók közül melyik felel meg leginkább a **check something in** jelentésének:

- **a** to leave or accept luggage to be put on a plane
- **b** to deliver something to someone

Nyelvtan

3 A következő mondatok közül melyek a nyelvtanilag helyesek?

- **a** I checked in.
- **b** I checked my bags in.
- **c** I checked in my bags.
- **d** I checked them in.
- **e** I checked in them.
- **f** The bags were checked in.

Gyakorlás

4 A következő mondatok közül kettőben a **check in** használata helytelen. Melyek ezek a mondatok?

- **a** We checked in Heathrow at 2 p.m. but our plane didn't leave until nine.
- **b** You must never agree to check in other people's baggage.
- **c** Let's check our bags in first, then have a look at the shops.
- **d** After checking us in and having a quick shower, we went off to explore.

Szókincsfejlesztés

Származékszavak

- ■ FŐNÉV: **check-in**
  (= *bejelentkezés, jegy- és poggyászkezelés*)
  [Ez a főnév használható megszámlálható és megszámlálhatatlan főnévként is.]
- ▶ **Check-in** is from 11.30.
  Jegy- és poggyászkezelés 11.30-tól.

Ellentétes jelentésű kifejezések

- ■ Lásd még a következő ellentétes jelentésű kifejezést: **check out, check out of something**.

MEGOLDÁS → 112. old., **check in; check sb/sth in** alatt.

11 check out; check out of something

Példamondatok

- ▶ We have to **check out** by 10 a.m.
  Délelőtt 10 óráig kell kijelentkeznünk.
- ▶ It was nearly twelve by the time she **checked out of** the Hilton.
  Már majdnem 12 óra volt, mire kijelentkezett a Hiltonból.
- ▶ He **checked out of** the hospital against his doctor's orders.
  Orvosa utasításai ellenére elhagyta a kórházat.

Ellenőrzés

Használja a fenti példamondatokat a gyakorlat megoldásához!

Jelentés

A **check out of a hotel** kifejezés az alábbiak közül mely cselekvéseket jelentheti?

a You visit the hotel.
b You pay your bill.
c You ask the receptionist questions.
d You give back your key.
e You leave.

A következő felsorolásból melyek lehetnek a **check out** tárgyai?

a a hotel   **c** an office   **e** an airport
b a motel   **d** a hospital

Nyelvtan

3 A következő mondatok közül melyek a nyelvtanilag helyesek?

a I checked out.
b I checked out the hotel.
c I checked out of the hotel.
d The hotel was checked out of.

Gyakorlás

Egészítse ki a következő mondatokat a **check out** vagy **check out of** megfelelő alakjával!

a What time do I have to _____ in the morning?
b We _____ our hotel early, and went to the airport.
c Make sure you haven't left anything in your room before you _____ .
d I tried to find him, but he'd already _____ .
e He called to say that he _____ the hospital already.

Szókincsfejlesztés

Származékszavak

- ■ FŐNÉV: **checkout** (= *kijelentkezés*)
  [Ez a főnév megszámlálhatatlan.]
- ▶ **Checkout** is 11 a.m.
  Délelőtt 11-kor van a kijelentkezés.

Ellentétes jelentésű kifejezések

- ■ Lásd még a következő ellentétes jelentésű kifejezést:
  turn something on.

MEGOLDÁS → 112. old., **check out; check out of sth** alatt.

12 check somebody/something **out**

Ellenőrzés

Használja a fenti példamondatokat a gyakorlat megoldásához!

Jelentés

1 Egészítse ki a mondatokat az alábbi szavakkal!

| honest | true | correct |
| reliable | acceptable | |

a If you check somebody out, you find out if they are _____ ,
_____ , etc.

b If you check something out, you find out if it is _____ , _____
or _____ .

Nyelvtan

2 A következő mondatok közül melyek a nyelvtanilag helyesek?

a I checked his story out.
b I checked out his story.
c I checked it out.
d I checked out it.
e His story was checked out.

Gyakorlás

3 A **check somebody/something out** megfelelő alakjának használatával alakítsa át a következő mondatokat úgy, hogy a jelentésük ugyanaz maradjon!

a I don't trust him. I think we should find out if his story is true.
I think we _____ .

b The police investigated the names and addresses to see if they were real.
_____ .

c Can you see if something is correct for me?
_____ ?

d They always do thorough checks on any potential employees.
Potential employees are always _____
_____ .

Szókincsfejlesztés

További jelentések

- Közvetlen stílusban a **check somebody/ something out** azt is jelentheti „megnéz valakit/valamit (mert érdekes, szép vagy vonzó)":
- We're going to **check out** that new bar in town. Do you want to come?
  Megnézzük azt az új bárt a városban. Jössz?
- **Check out** our website for the latest deals and offers.
  Nézze meg honlapunkon legújabb kedvezményeinket és ajánlatainkat!

MEGOLDÁS → 112. old., **check sb/sth out** alatt.

13 cheer up; cheer somebody/yourself up

Példamondatok

- ▶ **Cheer up**! I'm sure everything will be fine.
  Fel a fejjel! Minden rendbe fog jönni.
- ▶ He **cheered up** a lot when he saw you.
  Sokkal vidámabb lett, amikor meglátott téged.
- ▶ He spent ages trying to **cheer** the kids **up**.
  Sok időt töltött el azzal, hogy felvidítsa a gyerekeket.
- ▶ How can I **cheer** you **up**?
  Hogyan tudnálak felvidítani?
- ▶ I went shopping to **cheer** myself **up**.
  Elmentem vásárolni, hogy felvidítsam magamat.
- ▶ Maria **was cheered up** by a letter from her mother.
  Mária sokkal jobb kedvű lett, amikor megkapta anyja levelét.

Ellenőrzés

Használja a fenti példamondatokat a gyakorlat megoldásához!

Jelentés

Döntse el, hogy az alábbiak közül melyik felel meg leginkább a cheer up jelentésének!

a to feel happier than before
b to be healthier than before
c to feel more excited than before

Nyelvtan

2 A következő mondatok közül melyek a nyelvtanilag helyesek?

a She cheered up.
b She cheered herself up.
c She cheered up herself.
d She cheered her friend up.
e She cheered him up.
f She was cheered up by the news.

Gyakorlás

Válaszoljon a következő kérdésekre, használja a cheer up megfelelő alakját!

a I'm worried about Jo. She seems very depressed.
   Why don't you _____?

b Is Chris more cheerful now?
   Yes. He _____.

c I'm tired of this cold winter weather.
   _____.

When you are feeling depressed, what do you do to cheer yourself up?
Válaszoljon egy egész mondatban.

_____.

MEGOLDÁS → 112. old., **cheer up**; **cheer sb/yourself up** alatt.

14 **come across** somebody/something

Példamondatok

- ▶ While she was cleaning, she **came across** a pair of gold earrings.
  Takarítás közben talált egy arany fülbevalót.
- ▶ I've never **come across** anything like this before. What is it?
  Ilyesmivel még soha nem találkoztam. Mi ez?
- ▶ Whose book is this? I **came across** it in a drawer.
  Kié ez a könyv? Egy fiókban bukkantam rá.
- ▶ She is the most difficult woman I have ever **come across**.
  Ő a legnehézkesebb asszony, akivel valaha is találkoztam.
- ▶ If you **come across** a word you don't know, try to guess the meaning from the context.
  Ha olyan szóval találkozol, amit nem ismersz, próbáld kitalálni a jelentését a szövegösszefüggés alapján.

Ellenőrzés

Használja a fenti példamondatokat a gyakorlat megoldásához!

Jelentés

1 Egészítse ki a **come across somebody/something** jelentését úgy, hogy az alábbi szavakat a megfelelő helyre illeszti!

> chance   planned   meet   thought   find

to _____ or _____
somebody or something by _____,
without having _____
or _____ about it

Nyelvtan

2 A következő mondatok közül melyek a nyelvtanilag helyesek?

- a She came a book across.
- b She came across a book.
- c She came it across.
- d She came across it.

Gyakorlás

3 A következő mondatok közül mindegyik hibás. Keresse meg és javítsa ki a hibákat!

- a Did you came across anything interesting during your investigation?
- b This is an unusual book.
  My father came it across in the library.
- c This is a recipe that I came across it in a French dictionary of cooking.
- d James is the strangest person I've ever coming across!
- e Have you come a girl across called Maisy White on your course?

Szókincsfejlesztés

Szinonim kifejezések

- ■ A **come across** kifejezés helyett használhatjuk a **bump into** kifejezést is:
- ▶ I **came across/bumped into** an old school friend the other day in a bookshop.
  A minap egy régi osztálytársammal futottam össze egy könyvesboltban.

MEGOLDÁS → 112. old., **come across sb/sth** alatt.

15 come on

Ellenőrzés

Használja a fenti példamondatokat a gyakorlat megoldásához!

Jelentés

1 A **come on** kifejezés különböző helyzetekben használható. Az alábbiak közül melyikben <u>nem</u> lehet használni?

a to encourage somebody to do something
b to show that you are thinking about something
c to show that you do not believe what somebody has said
d to show that you disagree with somebody

Nyelvtan

2 A következő mondatok közül melyek a nyelvtanilag helyesek?

a Come on.
b Oh coming on!
c They came on.
d They were come on.

Gyakorlás

3 Az alábbi helyzetek melyikében mondhatjuk valakinek: **Come on!**

a when you are having a discussion or an argument
b when you are in a hurry
c when you are trying to be very polite

4 Helyes a **come on** használata az alábbi helyzetekben? Válassza ki a megfelelő kifejezést!

a *Come on!/Slow down!* Why are you taking so long?
b *Oh come on!/Absolutely!* I completely agree.
c Let's have a drink! *Come on!/Don't have one!*
d *Come on!/Keep quiet!* Tell me what happened!
e What are you doing up there? *Come on! / Come down!*

Szókincsfejlesztés

Szinonim kifejezések

- Ebben a jelentésben a **come along** kifejezés is használható, főleg a brit angolban:
- **Come on/along** now, don't be afraid.
  (Na) gyere már, ne félj!
- **Come on/along** children, you'll be late for school.
  Siessetek gyerekek, elkéstek az iskolából!

MEGOLDÁS → 112. old., **come on** alatt.

16 come round

Példamondatok

- Jill **came round** last night and stayed for hours.
  Jill átjött tegnap este, és órákig maradt.
- Would you like to **come round** for dinner?
  Lenne kedved átjönni hozzánk vacsorára?
- I'll **come round** to your hotel as soon as I finish work.
  Munka után átmegyek hozzád a szállodába.
- **Come round** later and we'll show you our wedding photos.
  Gyere át később, és akkor megmutatjuk az esküvői fényképeinket.

Ellenőrzés

Használja a fenti példamondatokat a gyakorlat megoldásához!

Jelentés

1 Döntse el, hogy az alábbiak közül melyik felel meg leginkább a **come round** meghatározásának!

a to come and stay with somebody for a few days

b to visit somebody at their home for a short time

c to meet somebody somewhere

Nyelvtan

2 A következő mondatok közül melyek a nyelvtanilag helyesek?

a He came around.

b He came my house around.

c He came around to my house.

d My house was come around to.

Gyakorlás

3 Egészítse ki a következő mondatokat a **come round** megfelelő alakjával!

a My parents usually _____ our place on Sundays.

b If you're free on Friday evening, do _____ coffee.

c My phone's broken. Can _____ use yours?

d I'm busy tomorrow evening. Some friends _____ .

4 Hívja meg a barátját magukhoz szombaton ebédre!

_____

Szókincsfejlesztés

Hasonló jelentésű kifejezések

- Használatos a **come around** kifejezés is, különösen az amerikai angolban, valamint a **come over**. Jelentésük azonos a **come round** jelentésével:
  - Our new neighbours are **coming over** for a drink later.
    Az új szomszédaink később átjönnek egy italra.
  - He doesn't **come around** much any more. He's very busy with his new job.
    Mostanában nemigen néz be hozzánk. Nagyon elfoglalja az új munkája.

- Ha valaki másnak az otthonáról beszélünk, használjuk a **go round** vagy a **go over** kifejezést a **come round**, illetve a **come over** helyett:
  - Why don't you **go round** to your grandmother's today?
    Miért nem mész át a nagymamádhoz ma?
  - I'm **going over** to see Anne later.
    Később átmegyek Anne-hoz.

MEGOLDÁS → 112. old., **come round** alatt.

17 cut down; cut down on something

▶ Even if you've smoked all your life,
  it's never too late to **cut down** or stop.
  *Még ha egész életedben dohányoztál is,
  soha nem túl késő lecsökkenteni vagy abbahagyni.*

▶ I've spent far too much money this month – I really must **cut down**.
  *Túl sokat költöttem ebben a hónapban, igazán le kell
  csökkentenem a kiadásaimat.*

▶ If you want to lose weight, try **cutting down** on sweets.
  Ha fogyni akarsz, fogyassz kevesebb édességet!

Ellenőrzés

Használja a fenti példamondatokat a gyakorlat megoldásához!

Jelentés

1 Az alábbi szavak közül használjon
kettőt, azokkal egészítse ki a **cut
down** meghatározását!

more	less	change	improve

to eat, drink or use _____ of
something, usually to _____
your health or your situation

Nyelvtan

2 A következő mondatok közül melyek
a nyelvtanilag helyesek?

a I cut down.
b I cut down smoking.
c I cut down on smoking.

Gyakorlás

3 A barátja fogyni akar. Fogalmazzon meg
néhány tanácsot a számára, használja
a **cut down (on something)** kifejezést!

_____ .

_____ .

4 Are you trying to cut down on anything?
Is there anything that you think you
should cut down on?

Válaszoljon ezekre a személyes
kérdésekre, válaszaiban használja
a **cut down (on something)** megfelelő
alakját!

_____ .

_____ .

Szókincsfejlesztés

Szinonim kifejezések

■ A **cut back (on something)** kifejezés
ugyanazt jelenti, mint a **cut down (on
something)**, különösen az amerikai
angolban használják:

▶ The doctor's told me to **cut back on**
red meat.
*Az orvos azt tanácsolta, hogy egyem
kevesebb marhahúst és birkahúst.*

Hasonló jelentésű kifejezések

■ A **give up** jelentése „valamit végleg
abbahagy vagy már egyáltalán nem
fogyaszt":

▶ My doctor has advised me to **cut down
on** alcohol.
*Az orvosom azt tanácsolja, hogy igyam
kevesebbet.*

▶ My doctor says I have to **give up** alcohol.
*Az orvosom azt mondja, hogy abba kell
hagynom az ivást.*

MEGOLDÁS → 112. old., **cut down; cut down on sth** alatt.

18 cut somebody off

Példamondatok

▶ The day I had to work on the switchboard
I kept **cutting** people **off**!
*Aznap, amikor a telefonközpontban kellett dolgoznom,
folyton szétkapcsoltam a beszélgetéseket.*
▶ Kenneth slammed the phone down and **cut** her **off**.
Kenneth lecsapta a telefont, és félbeszakította vele a beszélgetést.
▶ Operator, I've just **been cut off**. Can you reconnect me?
Központos! Szétkapcsoltak. Legyen szíves újra kapcsolni.

Ellenőrzés

Használja a fenti példamondatokat a gyakorlat megoldásához!

Jelentés

1 Válasszon ki kettőt az alábbi szavak közül, és egészítse
ki a **cut somebody off** jelentésének magyarázatát!

interrupt   continue   making   breaking

to _____ a telephone conversation by
_____ the connection

Nyelvtan

2 A következő mondatok
közül melyek a nyelv-
tanilag helyesek?
a She cut her friend off.
b She cut off her friend.
c She cut him off.
d She cut off him.
e She was cut off.

Gyakorlás

3 A **cut somebody off** megfelelő alakjának használatával
alakítsa át a következő mondatokat úgy, hogy a jelentésük
ugyanaz maradjon!
a Their telephone connection was suddenly broken.
They _____.
b Operator, the connection with the person I was talking to has been broken.
Operator, we _____.
c I'm so sorry. My son was playing with the phone and broke our connection.
I'm so sorry. My son _____.

Szókincsfejlesztés

További jelentések

■ A **cut somebody off** kifejezés azt is jelentheti „közbevág, félbeszakít":
▶ He rudely **cut** me **off** in mid-sentence.
A mondatom közepén udvariatlanul közbevágott.
▶ My explanation for why I was late **was** abruptly **cut off**.
Magyarázkodásomat, hogy miért késtem, hirtelen félbeszakították.
▶ You shouldn't **cut** people **off** when they are trying to give their opinion.
*Nem szabad közbevágni, amikor valaki megpróbálja elmondani
a véleményét.*

MEGOLDÁS → 112. old., **cut sb off** alatt.

19 cut somebody/something off (1)

Példamondatok

▶ A concrete wall **cut** the town **off** from the beach and the sea.
A várost betonfal zárta el a strandtól és a tengertől.

▶ No one knew why Ray had **cut off** all contact with his family.
Senki sem tudta, hogy Ray miért szakított családjával.

▶ The mist had **cut** them **off** from the rest of the group, and they were lost.
A köd elvágta őket a csoporttól, és eltévedtek.

▶ Pierre **cut** himself **off** by living in Scotland, far away from his family.
Pierre Skóciába költözött, messze családjától, és így megszakadt a kapcsolata velük.

▶ The farm **is** often completely **cut off** in the winter.
Télen a farm teljesen el van vágva a világtól.

Ellenőrzés

Használja a fenti példamondatokat a gyakorlat megoldásához!

Jelentés

1 Egészítse ki a **cut somebody/something off** meghatározását a következő szavakkal!

physically	things	separate	people

to _____ somebody, something
or yourself _____ or socially
from other _____ or _____

Nyelvtan

2 A következő mondatok közül melyek a nyelvtanilag helyesek?
  a Snow cut the town off.
  b Snow cut off the town.
  c Snow cut it off.
  d Snow cut off it.
  e He cut himself off.
  f He cut off himself.
  g The town was cut off.

Gyakorlás

3 Az alábbi mondatok közül melyekkel válaszolhatnánk a feltett kérdésre?

Why has he cut himself off from his friends and family?

  a He wanted to be alone.
  b He loved them very much.
  c He was angry with them.
  d He needed them.

4 A következő mondatok közül csak egy helyes. Melyik az a mondat? Keresse meg és a javítsa ki a hibá(ka)t a többi mondatban is!

  a We are often cutting off in the winter because of bad weather.
  b You can't expect me to cut completely myself off from my friends.
  c They were so busy talking to each other that I felt cut off and alone.
  d The country had cut off from all contact with the outside world.

MEGOLDÁS → 112. old., **cut sb/sth off** alatt.

20 **cut** somebody/something **off** (2)

Ellenőrzés

Használja a fenti példamondatokat a gyakorlat megoldásához!

Jelentés

1 Az alábbiak közül melyik felel meg
a **cut somebody/something off**
jelentésének?

a to stop having something
b to stop making something for somebody
c to stop the supply of something to
somebody

2 A következő felsorolásból melyek
lehetnek a **cut off** tárgyai?

a electricity d gas   f television
b water   e telephone g funds
c lights

Nyelvtan

3 A következő mondatok közül melyek
a nyelvtanilag helyesek?

a They cut off the electricity supply.
b They cut us off.
c They cut off us.
d The electricity supply was cut off.

Gyakorlás

4 Válaszoljon a következő kérdésekre, használja a **cut off**
megfelelő alakját, és egészítse ki a mondatokat,
ha szükséges!

a Why are you going out to use a public telephone?
  Because _____ .

b What happens if you don't pay your electricity bill?
  The company _____ .

c Why can't we cook dinner at home?
  Because the gas _____ .

5 A következő mondatok közül némelyik hibás.
Keresse meg és javítsa ki a hibákat!

a The power is automatically cut off if the system overheats.
b She didn't pay the bill so they cut off.
c Water supplies to farmers were cut off last week to try to conserve water.
d They were wearing coats and scarves as the electricity was been cut off.

MEGOLDÁS → 112. old., **cut sb/sth off** alatt.

21 do something up

Példamondatok

- I've eaten so much that I can't **do** my trousers **up**!
  Olyan sokat ettem, hogy nem tudom begombolni a nadrágomat.
- He couldn't **do up** the buttons on his coat.
  Nem tudta begombolni a kabátját.
- The skirt was far too small for her – she couldn't even **do** it **up**.
  A szoknya túl kicsi volt neki – még a cipzárat sem tudta felhúzni.
- He wore a long coat that **was done up** at the neck.
  Hosszú kabátot viselt, nyaknál begombolva.
- She couldn't **do** the zip **up** because some material was caught in it.
  Nem tudta behúzni a cipzárat, mert beleakadt az anyagba.

Ellenőrzés

Használja a fenti példamondatokat a gyakorlat megoldásához!

Jelentés

Döntse el, hogy az alábbiak közül melyik felel meg leginkább a **do something up** jelentésének!

a to make something tight
b to fasten or close something

A következő felsorolásból melyek lehetnek a **do up** tárgyai?

a a jacket   c a zip   e a button
b fingers   d socks

Nyelvtan

3 A következő mondatok közül melyek a nyelvtanilag helyesek?

a He did his coat up.
b He did up his coat.
c He did it up.
d He did up it.
e His coat was done up.

Gyakorlás

Válaszoljon a következő kérdésekre, használja a **do something up** megfelelő alakját!

a Do you think this jacket is smart enough?
   Yes, if you _____ .

b Why didn't you buy those jeans?
   They were too small. _____ !

c I just tripped and fell.
   I'm not surprised. Your laces _____ .

Szókincsfejlesztés

Ellentétes jelentésű kifejezés

- A **do something up** ellentéte **undo something**:
- I can't **undo** my zip. I think it's stuck.
  Nem tudom lehúzni a cipzáramat. Megakadt.

Hasonló jelentésű kifejezések

- Használhatunk speciális jelentésű igéket is, pl. **button up, zip up** és **tie up**:
- He never **ties up** his shoelaces.
  Sose köti meg a cipőfűzőjét.
- Ezeknek az igéknek az ellentéte **unbutton, unzip,** illetve **untie.**

MEGOLDÁS → 113. old., **do sth up** alatt.

22 drop somebody/something off

Példamondatok

▶ Will you **drop** the kids **off** at school on your way into town?
A városba menet kitennéd a gyerekeket az iskolánál?

▶ We **dropped off** our bags at the hotel and then went to explore the city.
Leraktuk a bőröndjeinket a szállodában, aztán elindultunk, hogy megnézzük a várost.

▶ You can **drop** me **off** here if you like. It's not far to walk.
Itt kitehetsz, ha akarsz. Innen már nem kell messze gyalogolni.

▶ Where would you like to **be dropped off**?
Hol tegyelek ki?

Ellenőrzés

Használja a fenti példamondatokat a gyakorlat megoldásához!

Jelentés

1 Döntse el, hogy az alábbi definíciók közül melyik felel meg leginkább a **drop somebody off** jelentésének!

a to take somebody in your car and leave them somewhere

b to make or help somebody leave a place

2 Döntse el, hogy az alábbi definíciók közül melyik felel meg leginkább a **drop something off** jelentésének!

a to let something fall out of your hand

b to deliver something somewhere

Nyelvtan

3 A következő mondatok közül melyek a nyelvtanilag helyesek?

a I dropped my friends off.
b I dropped off my friends.
c I dropped them off.
d I dropped off them.
e They were dropped off.

Gyakorlás

4 Egészítse ki a következő mondatokat a **drop off** megfelelő alakjával és egy tárggyal (főnévvel vagy névmással)!

a Could you _____ outside the hotel, please?
b I work near the library. Shall I _____ for you?
c 'Where _____?' 'Just here will be fine, thanks.'

5 A következő mondatok közül az egyik hibás. Keresse meg és javítsa ki a hibát!

a I was dropped off right outside my house, which was great.
b Oh no! I forgot to drop off that package for my boss!
c Sue's driving – why don't you ask her to drop off?

Szókincsfejlesztés

Ellentétes jelentésű kifejezések

■ A **drop somebody/something off** ellentéte **pick somebody/something up**:

▶ Parents can **drop off** or **pick up** their children outside the school.
Az autóval érkező szülők az iskola előtt tehetik ki és vehetik fel a gyerekeket.

MEGOLDÁS → 113. old., **drop sb/sth off** alatt.

23 fall over

Példamondatok

▶ I'm afraid that he might **fall over** again and hurt himself.
Félő, hogy újra elesik, és megüti magát.
▶ She still can't walk properly – she keeps **falling over**.
Még mindig nem tud rendesen járni, sokszor elesik.
▶ I just touched the vase and it **fell over**.
Épp csak hozzáértem a vázához, és már le is esett.

Ellenőrzés

Használja a fenti példamondatokat a gyakorlat megoldásához!

Jelentés

Egészítse ki a **fall over** meghatározását a zárójelben található egy-egy kifejezéssel!

to be unable to (*stay standing/get up*) and (*lie on/fall to*) the ground

Nyelvtan

2 A következő mondatok közül melyek a nyelvtanilag helyesek?
a I fell over.
b I fell over the ground.
c I fell myself over.
d The bicycle fell over.
e The bicycle fell over it.

Gyakorlás

Az alábbiak közül melyek lehetnek logikus válaszok a feltett kérdésre?

Why did you fall over?

a I was sitting down.
b My foot slipped.
c I suddenly felt very dizzy.
d I was holding on to the wall.

Az alábbiak közül melyik három lehet a legnagyobb valószínűséggel a **fall over** alanya?

a a large pile of books on a table
b an old car on a flat road
c a tall tree in a storm
d a chair with a broken leg
e the wheel of a bike

Szókincsfejlesztés

Hasonló jelentésű kifejezések

■ A **fall over something** jelentése „belebotlik valamibe (és elesik)":
▶ She **fell over** a chair as she was trying to escape.
Menekülés közben belebotlott egy székbe (és elesett).
▶ You'd better move this box or somebody will **fall over** it.
Jobb lesz, ha elteszed onnan azt a dobozt, mert még valaki belebotlik.

■ A **fall down** jelentése megegyezik a **fall over** jelentésével:
▶ If we don't repair the wall, it might **fall down**.
Ha nem javítjuk meg a falat, még le is dőlhet

MEGOLDÁS → 113. old., **fall over** alatt.

24 fill something in

Ellenőrzés

Használja a fenti példamondatokat a gyakorlat megoldásához!

Jelentés

1 A következő szavak közül válasszon ki hármat, amellyekkel kiegészítve a **fill something in** jelentését kapjuk!

writing	complete	form	information

to _____ a document (for example a _____ or a questionnaire) by _____ the necessary _____ on it

Nyelvtan

2 A következő mondatok közül melyek a nyelvtanilag helyesek?

a He filled in the form.
b He filled it in.
c He filled in it.
d The form was filled in.

Gyakorlás

3 Egészítse ki a következő mondatokat a **fill something in** megfelelő alakjával és a felsoroltak közül az egyik tárggyal!

her name	your personal details	it
their forms	our questionnaire	

a Once you have _____, click 'OK' to continue.

b Here is the entry form, and here are some notes to help you _____.

c Thank you for _____. This will help us to improve our services.

d He _____ on the invitation and put it in an envelope.

e About 35% of people had _____ incorrectly.

Szókincsfejlesztés

Szinonim kifejezések

- ■ A **fill in a form** helyett a **fill out a form** is használható:
- ▶ We've got lots of forms to **fill out**.
  Sok nyomtatványt kell kitöltenünk.
- ▶ Simply **fill out** this questionnaire and return it to us by post.
  Csak töltse ki az űrlapot és küldje vissza postán.

MEGOLDÁS → 113. old., **fill sth in** alatt.

25 fill something up

Példamondatok

- ► He **filled** Daisy's glass **up** again.
  Újra megtöltötte Daisy poharát.
- ► My mother **filled up** the freezer for me before she went away.
  Anyám megtöltötte nekem a mélyhűtőt étellel mielőtt elutazott.
- ► I keep emptying the box, but you keep **filling** it **up** again!
  Én rendszeresen kiürítem a dobozt, de te folyton teletöltöd.
- ► We were so thirsty the water jug had to **be filled up** three times.
  Olyan szomjasak voltunk, hogy háromszor is meg kellett tölteni a vizeskancsót.
- ► Organizers were forced to give away tickets in order to **fill up** the hall.
  A szervezők kénytelenek voltak ingyenjegyeket osztogatni, hogy megteljen a terem.

Ellenőrzés

Használja a fenti példamondatokat a gyakorlat megoldásához!

Jelentés

A következő felsorolásból melyek
lehetnek a **fill up** tárgyai?

a a glass	**d** a suitcase	**g** a jacket
b a jug	**e** a job	**h** a place
c a sandwich	**f** an order	

Nyelvtan

2 A következő mondatok közül melyek
a nyelvtanilag helyesek?

- **a** He filled the bottle up.
- **b** He filled up the bottle.
- **c** He filled it up.
- **d** He filled up it.
- **e** The bottle was filled up.

Gyakorlás

Egészítse ki a következő mondatokat a **fill up** megfelelő
alakjával és egy-egy odaillő tárggyal!

- **a** She emptied her glass and ⸺⸺⸺⸺ again.
- **b** If you want some more water, ⸺⸺⸺⸺ from the tap.
- **c** The freezer is almost empty! I only ⸺⸺⸺⸺ last week!
- **d** You don't need to ⸺⸺⸺⸺ just to make one cup of tea!

Szókincsfejlesztés

További jelentések

- ■ A **fill something up** gyakran tankolásra vonatkozik:
- ► We must **fill** the car **up** with petrol before we go.
  Tankolnunk kell az út előtt.
- ► Take the car to the petrol station and **fill** it **up**.
  Menj el tankolni.

- ■ A **fill up** kifejezés ugyanezt jelenti:
- ► Don't forget to **fill up** before we go. It's a long journey.
  Ne felejts el tankolni indulás előtt. Hosszú lesz az út.
- ► I used the car for a week and then **filled up** (with petrol).
  Egy hétig használtam az autót és utána tankoltam.

MEGOLDÁS → 113. old., **fill sth up** alatt.

26 find out; find something out

Példamondatok

- ▶ I don't know the answer to that question, but I'll **find out** for you.
  Arra a kérdésre nem tudom a választ, de majd kiderítem neked.
- ▶ You'll never **find out** my secret!
  Soha sem fogod megtudni a titkomat!
- ▶ How did you **find** that **out**?
  Hogy jöttél rá?
- ▶ They called him to **find out** why he wasn't at work.
  Azért hívták, hogy kiderítsék: miért nem volt dolgozni.
- ▶ Sue was furious when she **found out** that he'd been lying to her.
  Sue nagyon dühös volt, amikor rájött, hogy hazudott neki.
- ▶ Did you **find out** anything about the family?
  Megtudtál valamit a családjáról?

Ellenőrzés

Használja a fenti példamondatokat a gyakorlat megoldásához!

Jelentés

1 A következő igék közül az egyik ugyanazt jelenti, mint a **find out**. Melyik az?

a to discover
b to invent
c to know

Nyelvtan

2 A következő mondatok közül melyek a nyelvtanilag helyesek?

a I found out.
b I found the truth out.
c I found out the truth.
d I found it out.
e I found out it.

Gyakorlás

3 A **find out** után gyakran kérdőszó áll. Képzelje el, hogy magándetektív, és az egyik ügyfele arra kéri, hogy nyomozzon egy férfi után, aki követi őt. Az alábbi kérdésekre szeretne választ kapni. Egészítse ki a kérdések alatt lévő mondatokat! Ügyeljen a szórendre!

a (Who is he?)
I want you to find out who _____.

b (Where does he live?)
Can you find out where _____?

c (When did he start following me?)
Please find out when _____.

d (Why is he following me?)
I must find out _____.

e (How does he know my name?)
I need to _____.

f (What does he want?)
I have to _____.

MEGOLDÁS → 113. old., **find out**; **find sth out** alatt.

27 get in; get in something

Példamondatok

- ▶ How did the burglars **get in**? Did they break a window?
  Hogyan jutottak be a betörők? Betörtek egy ablakot?
- ▶ He **got in** the truck and drove off.
  Beszállt a teherautóba és elhajtott.
- ▶ It's not a very big car. Do you think all five of us will **get in** it?
  Nem túl nagy az az autó. Gondolod, hogy mind az öten beférünk?
- ▶ There's a big party tonight, but you can't **get in** without a ticket.
  Nagy buli lesz ma este, de jegy nélkül nem lehet bejutni.

Ellenőrzés

Használja a fenti példamondatokat a gyakorlat megoldásához!

Jelentés

Az alábbiak közül mely szavak lehetnek a **get in something** kifejezés tárgyai?

a a car   **c** a building   **e** a sofa
b a bicycle   **d** a room   **f** a chair

Az alábbiak közül melyik áll a legközelebb a *They got in the building* mondat jelentéséhez?

a They had to enter the building.
b They tried to enter the building.
c They managed to enter the building.

Nyelvtan

3 A következő mondatok közül melyek a nyelvtanilag helyesek?

a We got in.
b We got in the car.
c We got the car in.
d We got in it.
e The car was got in.

Gyakorlás

Egészítse ki a következő mondatokat a **get in** megfelelő alakjával és, ha szükséges, egy tárggyal (főnévvel vagy névmással)!

a Quick! _____ and fasten your seatbelt!
b She _____ and asked the driver to take her to the station.
c If you want to go to the museum, you can _____ free on Sundays.
d Oh no! Hide! I'll go under the table and you _____!

Szókincsfejlesztés

Ellentétes jelentésű kifejezések

- ■ Lásd még a következő ellentétes jelentésű kifejezéseket:
  get out, get out of something.

Hasonló jelentésű kifejezések

- ■ Lásd még a hasonló jelentésű **get on, get on something** kifejezést.

MEGOLDÁS → 113. old., **get in; get in sth** alatt.

28 get off; get off something

Ellenőrzés

Használja a fenti példamondatokat a gyakorlat megoldásához!

Jelentés

1 Az alábbi válaszok közül melyinek a jelentése „to get off a train"?

a to leave a train
b to board a train
c to travel on a train

2 A következő felsorolásból melyek lehetnek a **get off** tárgyai?

a a horse   d a plane   g a truck
b a train   e a bicycle h a tram
c a car   f a ship

Nyelvtan

3 A következő mondatok közül melyek a nyelvtanilag helyesek?

a He got off.
b He got the train off.
c He got off the train.
d He got it off.
e He got off it.
f The train was got off.

Gyakorlás

4 Egészítse ki a következő mondatokat a **get off** megfelelő alakjával és egy tárggyal (főnévvel vagy névmással)!

a There was a problem at the airport when we landed, and they wouldn't let us

_____ .

b You can ask the driver where _____ .
c Sorry I'm late. I _____ at the wrong stop and had to walk.
d You can't cycle here! _____ at once!

Szókincsfejlesztés

Ellentétes jelentésű kifejezések

■ Lásd még a következő ellentétes jelentésű kifejezést:
  get on, get on something.

Hasonló jelentésű kifejezések

■ Lásd még a **get out, get out of something** kifejezéseket, melyeknek hasonló a jelentése „kocsi teherautó" tárggyal.

MEGOLDÁS → 113. old., **get off**; **get off sth** alatt.

29 get on

Példamondatok

- ▶ Do you **get on** with all the people you work with?
  Jól kijössz a munkatársaiddal?
- ▶ Sarah and I **got on** well, and I missed her when she left.
  Sarah és én jól kijöttünk egymással, és hiányzott, amikor elment.
- ▶ She's not **getting on** very well with her parents at the moment.
  Mostanában nem nagyon jön ki a szüleivel.
- ▶ How are you and Peter **getting on**?
  Hogy jöttök ki egymással, te és Peter?
- ▶ The three children **get on** very well together.
  A három gyerek nagyon jól megfér egymással.

Ellenőrzés

Használja a fenti példamondatokat a gyakorlat megoldásához!

Jelentés

A következő szavak közül válasszon ki egyet, amellyel kiegészítheti a **get on** alábbi értelmezését!

bad	friendly	family	difficult

to have a _____ relationship
with somebody

Nyelvtan

2 A következő mondatok közül melyek a nyelvtanilag helyesek?
  a They get on.
  b They get on well.
  c They get on their colleagues.
  d They get on with their colleagues.
  e Their colleagues are got on well with.

Gyakorlás

Alkosson a következő fél mondatokból egy-egy teljes mondatot!
  a My next-door neighbour and I
  b My brother and I get on quite well
  c I've always got on very well
  d I used to get on better

  i   but we're very different.
  ii   with my mother than my father.
  iii with my sister-in-law.
  iv   don't get on at all.

Who do you get on with? Who don't you get on very well with?

Írjon néhány mondatot magáról, használja példaként az előző feladatot!

_____ .

_____ .

_____ .

Szókincsfejlesztés

Szinonim kifejezések

- ■ Ebben a kifejezésben az **on** helyett az **along** is használható,
  főleg az amerikai angolban:
- ▶ Russ and I have always **got along** really well.
  Russ és én mindig is igazán jól kijöttünk egymással.

MEGOLDÁS → 113. old., **get on** alatt.

30 get on; get on something

Példamondatok

- ▶ The bus stopped to let more people **get on**.
  A busz megállt, hogy mások is felszállhassanak.
- ▶ A young woman **got on** at the next station, but there were no seats left.
  A következő megállóban egy fiatal nő szállt fel, de már nem volt ülőhely.
- ▶ Her mobile phone rang just as she was **getting on** the train.
  Pont akkor csengett a mobilja, amikor éppen a vonatra szállt fel.
- ▶ He **got on** his motorbike and rode away.
  Felszállt a motorjára, és elhajtott.
- ▶ The bus was so full that we couldn't even **get on** it.
  A busz olyan tele volt, hogy fel sem tudtunk szállni.

Ellenőrzés

Használja a fenti példamondatokat a gyakorlat megoldásához!

Jelentés

1 Az alábbiak közül melyik jelenti ugyanazt, mint
a **get on a train**?

- a to leave a train
- b to board a train
- c to travel on a train

2 A következő felsorolásból melyek lehetnek
a **get on** tárgyai?

- a a horse
- b a train
- c a car
- d a plane
- e a bicycle
- f a ship
- g a truck
- h a tram

Nyelvtan

3 A következő mondatok
közül melyek a nyelv-
tanilag helyesek?

- a We got on.
- b We got on the bus.
- c We got the bus on.
- d We got on it.
- e The bus was got on.

Gyakorlás

4 Egészítse ki a következő mondatokat a **get on**
megfelelő alakjával és ha szükséges, egy tárggyal
(főnévvel vagy névmással)!

- a He _____ and cycled off
  down the road.
- b We waited in the departure lounge for two hours before
  they let us _____.
- c This train leaves in two minutes, so we'd better
  _____.
- d I _____ that took me straight
  to the airport from the main bus station.
- e I think this bus goes to the city centre.
  Shall we _____?

MEGOLDÁS → 113. old., **get on**; **get on sth** alatt.

Szókincsfejlesztés

Ellentétes jelentésű kifejezések

- ■ Lásd még a következő
  ellentétes jelentésű
  kifejezést: **get off**,
  get off something.

Hasonló jelentésű kifejezések

- ■ Lásd még a **get in**, **get in**
  something kifejezést,
  amelynek hasonló
  a jelentése.

31 get out; get out of something

Példamondatok

- ► The driver's door opened and an elderly woman **got out**.
  A vezető ajtaja kinyílt, és egy idős hölgy szállt ki.
- ► The doors and windows were locked and they couldn't **get out**.
  Az ajtók és az ablakok zárva voltak, így nem tudtak kijutni.
- ► I didn't **get out of** bed until after ten o'clock.
  Tíz utánig nem keltem fel az ágyból.
- ► The car was very small, but six people **got out of** it.
  Az autó nagyon kicsi volt, de hatan szálltak ki belőle.
- ► I'm scared. Let's **get out of** here.
  Nagyon félek. Menjünk innen!

Ellenőrzés

Használja a fenti példamondatokat a gyakorlat megoldásához!

Jelentés

A következő felsorolásból melyek lehetnek a **get out of** tárgyai?

a a car
b a bicycle
c a train
d a building
e a room
f a chair
g home

Nyelvtan

2 A következő mondatok közül melyek a nyelvtanilag helyesek?

a I got out.
b I got out of the car.
c I got it out of.
d I got out of it.
e The car was got out of.

Gyakorlás

Egészítse ki a következő mondatokat a **get out/get out of** megfelelő alakjával és – ahol szükséges – a felsoroltak közül az egyik tárggyal!

> here   the office

a It was crowded, but then lots of people _____ at the next station.
b Somehow the cat had climbed into the box and it couldn't _____ .
c Let's _____ . We can walk the rest of the way.
d I usually try to _____ for an hour at lunchtime.

Szókincsfejlesztés

Ellentétes jelentésű kifejezések

- Lásd még a következő ellentétes jelentésű kifejezést:
  get in, get in something.

Hasonló jelentésű kifejezések

- A **get off, get off something** jelentése hasonló.

MEGOLDÁS → 113. old., **get out; get out of sth** alatt.

32 get out of something

Példamondatok

- ► I wish I could **get out of** this meeting! I'm so busy.
  De kihagynám ezt az értekezletet! Annyi dolgom van.
- ► He'd promised to go out with some colleagues and he couldn't **get out of** it.
  Megígérte, hogy elmegy szórakozni a kollégáival, és már nem húzhatta ki magát ez alól.
- ► The wedding's all arranged. There's no **getting out of** it now.
  Minden készen áll az esküvőre. Már nincs visszakozás!
- ► She's not really ill; she's just trying to **get out of** taking the English test.
  Tulajdonképpen nem beteg, csak megpróbálja megúszni az angol dolgozatot.

Ellenőrzés

Használja a fenti példamondatokat a gyakorlat megoldásához!

Jelentés

1 Az alábbiak közül melyik <u>nem</u> a **get out of something** magyarázata?

a to avoid a responsibility or duty
b to not do something that you ought to do
c to not do something that you want to do

Nyelvtan

2 A következő mondatok közül melyek a nyelvtanilag helyesek?

a I got out the meeting.
b I got out of the meeting.
c I got out of to attend the meeting.
d I got out of attending the meeting.
e I got out of it.
f The meeting was got out of.

Gyakorlás

3 You don't want to go to a meeting. Can you get out of it?
A következő helyzeteknek megfelelően válaszolja: **yes** vagy **no!**

a Your manager told you to go.
b No one will mind if you don't go.
c It's optional.
d It's compulsory.

4 Egészítse ki a következő mondatokat a **get out of something/ get out of doing something** megfelelő alakjával és egy odaillő tárggyal!

a We promised we'd go to the party – we can't _____ .
b He complained that the meal was terrible and tried _____ .
c He hated the science classes, but there was _____ .
d It's a very important meeting. I don't think I _____ .

Szókincsfejlesztés

Származékszavak

- ■ FŐNÉV: **a get-out** (= *kibúvó, kiút*)
  [Általában egyes számban használják.]
- ► They're looking for an easy **get-out**.
  Könnyű kiutat keresnek.

MEGOLDÁS →114. old., **get out of sth** alatt.

33 get over somebody/something

Példamondatok

- He didn't go out as he was still **getting over** the flu.
  Nem mozdult ki a házból, mert még nem gyógyult ki teljesen az influenzából.
- Once he'd **got over** the shock of seeing me again, we had a good time.
  Miután túltette magát azon a megrázkódtatáson, hogy újra találkozott velem, jól éreztük magunkat.
- I loved Mark very much. It took me a long time to **get over** him.
  Nagy szerelmes voltam Markba. Sokáig tartott, amíg ebből kigyógyultam.
- My pride was hurt, but I'll **get over** it.
  A büszkeségem sérült meg, de túl fogom magam tenni rajta.
- He says he'll never **get over** losing her.
  Azt mondja, soha nem fogja kiheverni, hogy elvesztette.

Ellenőrzés

Használja a fenti példamondatokat a gyakorlat megoldásához!

Jelentés

Az alábbi kifejezések közül melyiknek a jelentése áll a legközelebb a **get over somebody/something** jelentéséhez?

a to climb over   c to return from
b to recover from

A következő felsorolásból melyik kettő lehet a **get over** tárgya?

a a shock   c a cold
b a new job   d a wedding

Nyelvtan

3 A következő mondatok közül melyek a nyelvtanilag helyesek?

a I got the illness over.
b I got over the illness.
c I got over it.

Gyakorlás

Egészítse ki a következő mondatokat a **get over** megfelelő alakjával és a felsoroltak közül az egyik tárggyal!

it   now   the long flight   bronchitis   the shock   her   homesickness

a It was the first time she'd been away from her family, but she soon _____ .
b I couldn't join in with the singing, as I _____ .
c When _____ , I started to make plans to spend my £1 million prize.
d He was very ill, but he seems to _____ .
e We spent the first day of our holiday _____ .

Szókincsfejlesztés

Hasonló jelentésű kifejezések

- A **get over** folyamatot ír le. Az eredmény leírására használjuk a **be over** kifejezést:
- He had a nasty bout of flu, but he**'s over** it now.
  Egy súlyos influenzán esett át, de már túl van rajta.

MEGOLDÁS →114. old., **get over sb/sth** alatt.

34 get up; get somebody up

Ellenőrzés

Használja a fenti példamondatokat a gyakorlat megoldásához!

Jelentés

1 Mi a **get up** ellentéte? Az alábbi kifejezések közül válasszon egyet!

a stop sleeping
b go to bed
c get out of bed

Nyelvtan

2 A következő mondatok közül melyek a nyelvtanilag helyesek?

a She got up.
b She got her son up.
c She got up her son.
d She got him up.
e She got up him.
f He was got up.

Gyakorlás

3 Válaszoljon a következő személyes kérdésekre, használja a **get up** megfelelő alakját!

a What time do you usually get up during the week?

_____ .

b What about at the weekend?

_____ .

c And this morning?

_____ .

d What about tomorrow?

_____ .

4 Már majdnem dél van és a tinédzser fia még mindig ágyban van. Mit mond neki?

_____ !

Szókincsfejlesztés

Hasonló jelentésű kifejezések

■ A **get up** cselekvést fejez ki. A **be up** ige viszont állapotra vonatkozik:
► He **was up** and dressed by six o'clock.
Hatkor már fenn volt és fel volt öltözve.

■ Lásd még a **wake up**, **wake somebody up** kifejezéseket.

MEGOLDÁS → 114. old., **get up**; **get sb up** alatt.

35 give something away

Példamondatok

- ▶ I can't believe you just **gave** those tickets **away**!
  Nem értem, hogyan ajándékozhattad csak úgy oda azokat a jegyeket.
- ▶ The magazine is **giving away** six luxury holidays this month.
  Hat luxusüdülést fognak ebben a hónapban kisorsolni a képesújság olvasói között.
- ▶ The old computer still works. Shall we sell it or **give** it **away**?
  A régi számítógép még mindig működik. Adjuk el vagy ajándékozzuk oda valakinek?
- ▶ Over one million dollars has **been given away** since the TV show began.
  Több mint egy millió dollár összegű nyereményt osztottak szét amióta a televíziós showműsor megkezdődött.

Ellenőrzés

Használja a fenti példamondatokat a gyakorlat megoldásához!

Jelentés

Válassza ki azt a kifejezést, amellyel a **give something away** alábbi magyarázata kiegészíthető:

to give something to somebody...

a because it is old and broken
b in exchange for something else
c as a gift

Nyelvtan

2 A következő mondatok közül melyek a nyelvtanilag helyesek?

a She gave her clothes away.
b She gave away her clothes.
c She gave them away.
d She gave away them.
e They were given away.

Gyakorlás

Egészítse ki a következő mondatokat a **give something away** megfelelő alakjával és a felsoroltak közül az egyik tárggyal!

his old car   all his money   everything   them   the rest

a Dave has decided to _____ to charity.
b Do you want one of these bananas? They were _____ free at the market.
c I had lots of spare tickets, so I sold four of them and _____ .
d He's very generous – he _____ when he bought the new one.
e I don't need this stuff. I've decided to _____ .

Szókincsfejlesztés

Származékszavak

- ■ FŐNÉV: **a giveaway** (= *ajándék(ozás)*)
- ▶ We're offering 15 lucky readers five CDs in our great CD **giveaway**.
  Óriási CD-akció! 15 szerencsés olvasónknak 5-5 CD-t sorsolunk ki.
- ■ MELLÉKNÉV: **give-away** (= *nagyon olcsó*) [Csak főnév előtt használjuk.]
- ▶ The shop is closing down, so it's selling everything at **give-away prices**.
  Az üzlet be fog zárni, és ezért mindent nagyon olcsón kiárusítanak.

MEGOLDÁS → 114. old., **give sth away** alatt.

36 give something out

Ellenőrzés

Használja a fenti példamondatokat a gyakorlat megoldásához!

Jelentés

1 Az alábbiak közül melyik ige jelentése azonos a **give something out** kifejezéssel?

a to collect
b to distribute
c to offer

Nyelvtan

2 A következő mondatok közül melyek a nyelvtanilag helyesek?

a I gave the books out.
b I gave out the books.
c I gave them out.
d I gave out them.
e The books were given out.

Gyakorlás

3 Egészítse ki a következő mondatokat a **give something out** megfelelő alakjával és a felsoroltak közül az egyik tárggyal! Minden tárgyat csak egyszer használjon!

> free food   leaflets   exam papers   invitations

a She _____ to her wedding to all her colleagues.
b The teacher asked for silence and started _____ to all the students.
c The relief organizations had arrived and were _____ to the refugees.
d How is the campaign going? Do you need any help with _____?

Szókincsfejlesztés

Szinonim kifejezések

- ■ A **hand something out** kifejezés jelentése és használata ugyanaz:
- ▶ Can you help me **hand** these books **out**, please?
  Segítenél kiosztani ezeket a könyveket?
- ▶ A free factsheet **was handed out** at the end of the session.
  Ingyenes tájékoztatót osztottak ki az ülés végén.

További jelentések

- ■ A **give something out** jelentheti még:
- **1** valami fényt vagy meleget ad:
- ▶ That lamp doesn't **give out** a lot of light.
  Az a lámpa nem ad sok fényt.
- **2** közzétesznek valamit:
- ▶ No details of the accident have been **given out** yet.
  A baleset részleteit még nem hozták nyilvánosságra.

MEGOLDÁS → 114. old., **give sth out** alatt.

37 give up; give something up (1)

Példamondatok

- ▶ I **give up** – tell me the answer.
  Feladom – mondd meg a választ.
- ▶ I tried running, but I **gave up** after about ten minutes.
  Megpróbáltam futni, de kb. tíz perc múlva feladtam.
- ▶ Nick tried to fix the car, but **gave up** the attempt after an hour.
  Nick megpróbálta megjavítani az autót, de egy óra múlva abbahagyta a kísérletezést.
- ▶ It was so difficult that she was tempted to **give** it all **up**.
  Olyan nehéz volt, hogy közel állt ahhoz, hogy feladja az egészet.
- ▶ In the end he **gave up** trying to explain it all to me.
  Végül is lemondott arról, hogy az egészet elmagyarázza nekem.

Ellenőrzés

Használja a fenti példamondatokat a gyakorlat megoldásához!

Jelentés

Egészítse ki a **give up/give up something** definícióját az alábbi szavakkal!

difficult	stop	trying	usually

to ＿＿＿＿＿ ＿＿＿＿＿ to
do something, ＿＿＿＿＿ because
it is too ＿＿＿＿＿

Nyelvtan

2 A következő mondatok közül melyek a nyelvtanilag helyesek?
- a He gave up.
- b He gave up the attempt.
- c He gave it up.
- d He gave up it.
- e He gave up to try.
- f He gave up trying.

Gyakorlás

Alkosson a következő fél mondatokból egy-egy teljes mondatot!

- a They gave up the search
- b We will not give up
- c I was tempted to give it up
- d Don't give up trying

- i until we find the solution.
- ii when it got dark.
- iii unless you're sure you won't succeed.
- iv and go home.

A **give up/give up something** megfelelő alakjának használatával alakítsa át a következő mondatokat úgy, hogy a jelentésük ugyanaz maradjon!

- a Don't stop trying – I know you can do it!
  Don't ＿＿＿＿＿＿＿＿＿＿＿＿＿＿＿!

- b I couldn't find him, and in the end I abandoned the search.
  ＿＿＿＿＿＿＿＿＿＿＿＿＿＿＿.

- c He was exhausted, but he was determined to continue.
  ＿＿＿＿＿＿＿＿＿＿＿＿＿＿＿.

MEGOLDÁS → 114. old., **give up**; **give sth up** alatt.

38 give up; give something up (2)

Példamondatok

- ▶ Do you still smoke? You really should **give up**, you know.
  Még mindig dohányzol? Már igazán le kellene szoknod róla.
- ▶ Try **giving up** all animal milks and drinking soya milk instead.
  Próbálj meg leszokni a tehéntejről és szójatejet inni helyette.
- ▶ No chocolate for me, thanks. I've **given** it **up**.
  Nem kérek csokoládét, köszönöm. Leszoktam róla.
- ▶ I **gave up** drinking coffee because it kept me awake at night.
  Leszoktam a kávéról, mert nem tudtam éjjelente aludni.

Ellenőrzés

Használja a fenti példamondatokat a gyakorlat megoldásához!

Jelentés

1 Ha valaki leszokik valamiről,
általában abbahagy valamit. Miért?

- **a** because it is too difficult
- **b** because you consider
  it unhealthy
- **c** because you are not
  allowed to do or have it

Nyelvtan

2 A következő mondatok közül melyek
a nyelvtanilag helyesek?

- **a** She gave up.
- **b** She gave up coffee.
- **c** She gave it up.
- **d** She gave up it.
- **e** She gave up to drink coffee.
- **f** She gave up drinking coffee.

- ■ Ezt az igét használjuk, amikor egy
  vallásos ember felajánlás céljából
  egy időre tartózkodik valamitől:
- ▶ I'm giving up chocolates for Lent.
  Nem eszem csokoládét nagyböjtben.

Gyakorlás

3 Válaszoljon a következő kérdésekre,
használja a **give up** megfelelő alakját!

- **a** Do you still smoke?
  Yes, I'm afraid so. I _____
  _____ .

- **b** Would you like a coffee?
  No thanks. _____
  _____ .

4 Are <u>you</u> trying to give anything up,
or have you recently given something up?
~~Is there anything that you think you~~
should give up?

_____
_____
_____

Szókincsfejlesztés

Ellentétes jelentésű kifejezések

- ■ Lásd még a következő ellentétes jelentésű
  kifejezést: **take up something**.

Hasonló jelentésű kifejezések

- ■ Lásd még a **cut down** kifejezést, melynek
  hasonló a jelentése.

MEGOLDÁS → 114. old., **give up; give sth up** alatt.

39 go off (1)

Példamondatok

- ▶ The gun **went off** accidentally while he was holding it.
  A fegyver véletlenül elsült, mialatt a kezében tartotta.
- ▶ I heard that a bomb had **gone off** in the centre of town.
  Hallottam, hogy a városközpontban felrobbant egy bomba.
- ▶ 'What's that noise?' 'I think it's fireworks **going off** in the park.'
  „Mi ez a zaj?" „Azt hiszem, a parkban tűzijátékot lőnek fel."
- ▶ My alarm clock **goes off** every morning at seven.
  Az ébresztőórám minden reggel hétkor csörög.
- ▶ Everybody had to leave the building when the fire alarm **went off**.
  Mindenkinek el kellett hagynia az épületet, amikor megszólalt a tűzjelző.

Ellenőrzés

Használja a fenti példamondatokat a gyakorlat megoldásához!

Jelentés

Egészítse ki a következőket a zárójelben található egyik szóval vagy kifejezéssel!

a If a bomb goes off, it _____ .
(falls/explodes)

b If a gun goes off, it is _____ .
(dropped/fired)

c If an alarm goes off, it makes
a sudden _____ .
(loud noise/explosion)

A következő felsorolásból melyek lehetnek a go off alanyai?

a a fire   **c** a gun   **e** fireworks
b a bomb   **d** a loud noise   **f** a radio

Nyelvtan

3 A következő mondatok közül melyek a nyelvtanilag helyesek?

a The bomb went off.
b He went off the bomb.
c The bomb was gone off.

Gyakorlás

Egészítse ki a következő mondatokat a **go off** megfelelő alakjával és egyéb szükséges szóval!

a I just heard a loud bang. It sounded as if _____ .
b Be careful with those fireworks! They might _____ .
c Sorry I'm late. My alarm _____ .
d The thieves ran away when _____ .

Szókincsfejlesztés

További jelentések

- ■ A **go off** azt is jelentheti „valamilyen fény hirtelen felvillan":
- ▶ When he finished his song, flashbulbs **went off** in the audience.
  Amikor elénekelte a dalt, vakuk villantak a közönség soraiban.

MEGOLDÁS → 114. old., **go off** alatt.

40 go off (2)

Példamondatok

- ▸ Put the food in the fridge, otherwise it will **go off**.
  Tedd be az ételt a hűtőszekrénybe, különben megromlik.
- ▸ Can you smell this milk? I think it might have **gone off**.
  Érzed a tej szagát? Azt hiszem, megromlott.
- ▸ How are we going to stop the meat **going off** in this heat?
  Mit csináljunk, hogy a hús meg ne romoljon ebben a hőségben?

Ellenőrzés

Használja a fenti példamondatokat a gyakorlat megoldásához!

Jelentés

1 Az következő állítások közül melyek felelnek meg a *The milk has gone off* mondat jelentésének?

a it tastes bad
b it smells bad
c someone has eaten it
d it is not fit to eat or drink
e it is in the wrong place

2 A következő felsorolásból melyek lehetnek a **go off** alanyai?

a fish   c a cow   e toast
b eggs   d beef   f cream

Nyelvtan

3 A következő mondatok közül melyek a nyelvtanilag helyesek?

a Milk goes off quickly.
b Milk goes off freshness quickly.
c The milk was gone off.

Gyakorlás

4 Egészítse ki az alábbi párbeszédet a **go off** megfelelő alakjaival és egyéb szükséges szavakkal!

a Let's have chicken for dinner.
   We can't, the chicken _____ .

b Well, perhaps we can cook the salmon?
   I'm afraid _____ .

c How about an omelette? Are the eggs fresh?
   No, _____ .

Szókincsfejlesztés

Hasonló jelentésű kifejezések

- ▪ A **go off** folyamatot ír le. Az eredmény leírására használjuk a **be off** kifejezést.
- ▸ This tea tastes funny. I think the milk **is off**.
  Furcsa íze van ennek a teának. Mintha a benne levő tej megromlott volna.

MEGOLDÁS → 114. old., **go off** alatt.

41 go on (1)

Példamondatok

- ▶ I know things seem bad, but life must **go on**.
  Tudom, hogy a dolgok most rossznak látszanak, de az életnek folytatódnia kell.
- ▶ Things can't **go on** as they are. Something has to change.
  A dolgok nem mehetnek így tovább. Valaminek változnia kell.
- ▶ He didn't even look up. He just **went on** reading.
  Még csak fel se nézett. Folytatta az olvasást.
- ▶ She just **went on** with what she was doing as if I wasn't there.
  Egyszerűen folytatta, amit addig csinált, mintha ott se lennék.

Ellenőrzés

Használja a fenti példamondatokat a gyakorlat megoldásához!

Jelentés

Válassza ki, melyik meghatározás melyik mondatot értelmezi!

a The situation went on for many years.
b She went on painting.

i to continue without stopping
ii to continue to happen or exist

Nyelvtan

2 A következő mondatok közül melyek a nyelvtanilag helyesek?

a He went on.
b The work went on.
c He went on working.
d He went on with his work.
e He went on to work.

Gyakorlás

Alkosson a következő fél mondatokból egy-egy rövid párbeszédet!

a You can't go on lying to him.
b She went on talking.
c We can't go on like this!

i How rude!
ii Yes, you're right. It's time to tell him the truth.
iii Why not? What's wrong?

Egészítse ki a következő mondatokat a **go on** megfelelő alakjával és a még szükséges szavakkal!

a It's time for some changes around here. Things _____ .
b When I walked into the room, everybody _____ .

Szókincsfejlesztés

Származékszavak

- ■ MELLÉKNÉV: **ongoing**
  (= *állandóan folyamatban lévő*)
- ▶ Modernizing the computer system is an **ongoing** process.
  A számítógéprendszert folyamatosan modernizálják.

Szinonim kifejezések

- ■ A **carry on** és a **go on** jelentése és használata megegyezik:
- ▶ He **carried on** talking, even though I asked him to stop.
  Tovább beszélt, noha megkértem, hogy hagyja abba.

További jelentések

- ■ A **go on** azt is jelentheti, hogy valami valameddig tart:
- ▶ The class **goes on** until nine o'clock.
  Az óra kilencig tart.

MEGOLDÁS → 115. old., **go on** alatt.

42 go on (2)

Példamondatok

- What's **going on** here?
  Hát itt meg mi történik?
- He never told me what **went on** at school.
  Nekem soha nem mondta el, mi folyik az iskolában.
- Something was **going on** and I wanted to know what.
  Itt valami nem stimmelt, és én tudni akartam, mi történik.
- The public have a right to know what **goes on** behind the scenes.
  Az embereknek joguk van tudni, mi zajlik a színfalak mögött.

Ellenőrzés

Használja a fenti példamondatokat a gyakorlat megoldásához!

Jelentés

1 Az alábbi igék közül melyiknek a jelentése azonos a **go on** jelentésével?

a to appear
b to happen
c to exist

Nyelvtan

2 A következő mondatok közül melyek a nyelvtanilag helyesek?

a Something is going on.
b Somebody is going on.
c Nothing is going on.
d Something was gone on.

Gyakorlás

3 Alkosson a következő fél mondatokból egy-egy teljes mondatot!

a The public meeting gave us a chance
b She's been very quiet lately. Do you think
c Everybody came running to see
d Don't you think people should know
e I have no idea

i what went on while I was away.
ii what's going on?
iii to find out what was going on.
iv what was going on.
v there's something going on?

4 Egészítse ki a következő mondatokat, a kiegészítésben használja a **go on** kifejezést!

a I can hear somebody screaming. _____?
b Why is she so suspicious? There _____.
c It was a long time ago, and I never discovered _____.

Szókincsfejlesztés

Származékszavak

- FŐNÉV: **goings-on** (= *(furcsa) események*)
  [Ezt a főnevet mindig többes számban használják.]
- There have been some strange **goings-on** at their house.
  Különös események zajlottak a házukban.

MEGOLDÁS → 115. old., **go on** alatt.

43 go out (1)

Ellenőrzés

Használja a fenti példamondatokat a gyakorlat megoldásához!

Jelentés

Döntse el, hogy az alábbiak közül melyik felel meg leginkább a **go out** meghatározásának!

a to leave a building and not return
b to leave your house to go to a social event
c to leave one place and go to a different place

Nyelvtan

2 A következő mondatok közül melyek a nyelvtanilag helyesek?

a We went out.
b We went out the house.
c We were gone out.

Gyakorlás

Válaszoljon a következő kérdésekre! Használja a **go out** megfelelő alakját, az alábbi kifejezések egyikét és, ha szükséges, egészítse ki megfelelő szavakkal!

> my friends   a party   a special meal

a Did you celebrate your wedding anniversary?
Yes, we _____ .
b What do you do at weekends?
I usually _____ .
c Is Jim here?
No, _____ .

4 Önre vonatkoztatva, igazak vagy hamisak a következő állítások? Amennyiben hamisak, változtassa meg őket úgy, hogy igazak legyenek!

a I always go out on Friday and Saturday evenings.
b I went out last night.
c My parents never let me go out when I was young.

Szókincsfejlesztés

Ellentétes jelentésű kifejezések

■ A **go out** ellentéte ebben az értelemben **stay in**:
▶ Do you want to **go out** tonight or would you rather **stay in**?
Akarsz elmenni valahová ma este vagy inkább otthon maradnál?

MEGOLDÁS → 115. old., **go out** alatt.

44 go out (2)

Példamondatok

- They started **going out** together when they were still at school.
  Még iskolások voltak, amikor járni kezdtek egymással.
- She's **going out** with her best friend's brother.
  A legjobb barátnője bátyjával jár.
- How long have you and Anthony been **going out**?
  Mióta jártok együtt Anthonyval?
- They **went out** for nearly a year, but they're not together any more.
  Majdnem egy évig jártak együtt, de már szakítottak.

Ellenőrzés

Használja a fenti példamondatokat a gyakorlat megoldásához!

Jelentés

1 A következő szavak közül válasszon ki hármat és egészítse ki velük a **go out** meghatározását!

money	time	relationship
romantic	friendly	poor

to spend _____ with somebody
and have a _____
_____ with them

Nyelvtan

2 A következő mondatok közül melyek a nyelvtanilag helyesek?
  a They are going out.
  b They are going out together.
  c He's going out with her.
  d He's going out together.

■ A **go out** ebben a jelentésben gyakran előfordul folyamatos alakban.

Gyakorlás

3 A **go out** megfelelő alakjának használatával alakítsa át a következő mondatokat úgy, hogy a jelentésük ugyanaz maradjon!

a Kate and Sam have been boyfriend and girlfriend for three years.
_____ .

b How long were those two together?
_____ .

c They had a relationship for years before they finally got married.
_____ .

d Do you have a boyfriend at the moment?
_____ .

4 Írjon egy mondatot egy jelenlegi vagy múltbeli romantikus kapcsolatáról!

I once had a Spanish boyfriend. We went out for nearly a year, but then he went back to Spain.

_____

MEGOLDÁS → 115. old., **go out** alatt.

45 go out (3)

Példamondatok

> ▶ There was a power cut and all the lights **went out**.
> *Áramszünet volt és minden fény kialudt.*
> ▶ Don't let the fire **go out**, please.
> *Ne hagyd, hogy kialudjon a tűz.*
> ▶ The match **went out**, so he lit another one.
> *A gyufa lángja kialudt, ezért meggyújtott egy másikat.*

Ellenőrzés

Használja a fenti példamondatokat a gyakorlat megoldásához!

Jelentés

Egészítse ki a következőket a zárójelben található egyik szóval!

a If a light goes out, it stops
_____. *(shining/changing)*

b If a fire goes out, it stops
_____. *(spreading/burning)*

Nyelvtan

2 A következő mondatok közül melyek a nyelvtanilag helyesek?

a The lights went out.
b They went out the lights.
c The lights were gone out.

Gyakorlás

A következő mondatokban mire vonatkozik az **it**? Válasszon az alábbi szavak közül úgy, hogy mindegyik csak egyszer szerepeljen!

the candle   the fire   the flame   the torch

a I put more wood on it, but it still went out.
b It flickered, then went out.
c Don't put it by the window. It'll go out.
d It keeps going out. The battery is flat.

4 Válaszoljon a következő kérdésekre, használja a **go out** megfelelő alakját!

a Why is it so cold?
_____.

b Who turned out the lights?
Nobody. _____
_____.

Szókincsfejlesztés

Ellentétes jelentésű kifejezések

■ Amikor fényről van szó a **go out** ellentéte **go on** vagy **come on**.
A második példamondatban szereplő **go off** ott a **go out** szinonimája:
▶ We sat in the dark for ten minutes, then the lights suddenly
came on again.
Miután tíz percig üldögéltünk a sötétben, a lámpák ismét világítani kezdtek.
▶ There was a light **going on** and **off** up ahead in the distance.
A távolban egy villogó fényt lehetett látni.

Hasonló jelentésű kifejezések

■ Lásd még a következő hasonló jelentésű kifejezést:
put something out; turn something off.

MEGOLDÁS → 115. old., **go out** alatt.

46 grow up

Példamondatok

- ▶ They moved around a lot while the children were **growing up**.
  Sokszor költöztek, míg a gyerekeik felnőttek.
- ▶ He wants to be a firefighter when he **grows up**.
  Tűzoltó akar lenni, amikor felnő.
- ▶ I **grew up** in a big city.
  Én egy nagyvárosban nőttem fel.
- ▶ Oh, **grow up**! Stop being so childish!
  Óh, nőj már fel! Ne légy olyan gyerekes!

Ellenőrzés

Használja a fenti példamondatokat a gyakorlat megoldásához!

Jelentés

1 Az alábbiak közül melyik <u>nem</u> határozza meg a **grow up** kifejezést?

- a to increase in size, number, etc.
- b to become an adult
- c to spend the time when you are a child in a particular place or manner

Nyelvtan

2 A következő mondatok közül melyek a nyelvtanilag helyesek?

- a Grow up!
- b Grow yourself up!
- c She grew up.
- d She grew up her daughter.

Gyakorlás

3 **Grow** vagy **grow up**? Ne felejtse el, hogy a **grow up** kifejezés csak személlyel kapcsolatban használható, jelentése „felnő". A **grow** jelentése „megnő". Válassza ki a mondatba illő igét vagy kifejezést!

- a Hasn't he *grown/grown up*! He's nearly as tall as his father now!
- b That plant has really *grown/grown up* since the last time I saw it.
- c Thomas and I *grew/grew up* together, so we're very close.

4 Válaszoljon a következő személyes kérdésekre, használja a **grow up** megfelelő alakját!

- a When you were a child, where did you live ?_____
  _____ .

- b What did you want to be when you were an adult?
  _____
  _____ .

Szókincsfejlesztés

Származékszavak

- ■ MELLÉKNÉV: **grown-up** (= *felnőtt*)
- ▶ They have three children, all of them **grown-up** now.
  Három gyerekük van, már mindegyik felnőtt.

- ■ FŐNÉV: **a grown-up** (= *felnőtt*)
  [Ezt a szót gyerekek használják, vagy felnőttek, ha gyerekekkel beszélnek.]

Hasonló jelentésű kifejezések

- ■ Lásd még a következő hasonló jelentésű kifejezést: **bring somebody up**.

MEGOLDÁS → 115. old., **grow up** alatt.

47 hang up; hang up something

Példamondatok

- ▶ I said goodbye and **hung up**.
  Elköszöntem tőle, és letettem a kagylót.
- ▶ The number you dialled is busy. Please **hang up** and try again.
  A hívott szám foglalt. Kérem, tegye le a kagylót, majd próbálja meg újra.
- ▶ As soon as he **hung up** the phone, it rang again.
  Alighogy letette a telefont, újra csengett.
- ▶ Don't **hang up** on me, please. We need to talk.
  Ne csapd le, kérlek. Beszélnünk kell!

Ellenőrzés

Használja a fenti példamondatokat a gyakorlat megoldásához!

Jelentés

Döntse el, hogy az alábbiak közül melyik felel meg leginkább a **hang up** jelentésének!

a to start a telephone conversation
b to continue a telephone conversation
c to end a telephone conversation

Döntse el, hogy az alábbiak közül melyik felel meg leginkább a **hang up on somebody** jelentésének!

a to suddenly answer the phone for somebody
b to suddenly put down the receiver in the middle of a conversation
c to suddenly stop speaking to somebody on the telephone and wait

Nyelvtan

3 A következő mondatok közül melyek a nyelvtanilag helyesek?

a I hung up.
b I hung up the phone.
c I hung up him.
d I hung up on him.

Gyakorlás

Egészítse ki a következő mondatokat a **hang up** megfelelő alakjával és a felsorolt szavak valamelyikével!

> immediately   on me   the phone
> when we've finished

a Do you want to speak to Mum, or shall I
_____?

b When I answered the phone, the caller
_____.

c 'What did he say?' 'Nothing. He
_____!'

d 'Sorry, wrong number,' she said,
_____.

Szókincsfejlesztés

További jelentések

- ■ A **hang something up** azt is jelenti, hogy valaki valamit felakaszt egy fogasra, egy hurokra stb.:
- ▶ Shall I **hang** your coat **up** for you, sir?
  Felakasszam a kabátját, uram?
- ▶ The wedding dress **was hung up** in the closet.
  Az esküvői ruhát a szekrénybe akasztották.

MEGOLDÁS → 115. old., **hang up; hang up sth** alatt.

48 have something **on**; have got something **on**

Példamondatok

- ▶ I **had on** a pair of jeans and a T-shirt.
  Farmert és pólót viseltem.
- ▶ She didn't **have** any lipstick **on**, which was unusual.
  Nem volt kirúzsozva, ami teljesen szokatlan.
- ▶ You've seen my black dress. I **had** it **on** yesterday.
  Láttad a fekete ruhámat. Tegnap volt rajtam.
- ▶ I can't see that. I **haven't got** my glasses **on**.
  Nem látom. Nincs rajtam a szemüvegem.

Ellenőrzés

Használja a fenti példamondatokat a gyakorlat megoldásához!

Jelentés

1 Az alábbi mondatok közül melyiknek a jelentése egyezik meg a *She had a new hat on* mondat jelentésével?

a She was wearing a new hat.
b She had a new hat.
c She bought a new hat.

2 A következő felsorolásból melyek <u>nem</u> lehetnek a **have on** tárgyai?

a a bag   c make-up   e a uniform
b earrings   d your hair   f a watch

Nyelvtan

3 A következő mondatok közül melyek a nyelvtanilag helyesek?

a He had a gold watch on.
b He had on a gold watch.
c He had it on.
d He had on it.
e The watch was had on.

Gyakorlás

4 A következő mondatok közül csak az egyik helyes. Melyik az a mondat? A többi mondatban keresse meg és javítsa ki a hibákat!

a Today I'm having my favourite sweater on.
b Did she have anything nice on when you saw her?
c I was cold because I hadn't a coat on.

5 Válaszoljon a következő kérdésekre, használja a **have something on** vagy a **have got something on** megfelelő alakját!

a What are you wearing now?

_____
_____ .

b What was your mother wearing last time you saw her? _____
_____ .

Szókincsfejlesztés

További jelentések

- ■ A **have (got) something on** kifejezésnek két másik jelentése is van:
- ▶ I'm cold. Can we have the heating on?
  Fázom. Bekapcsolhatnánk a fűtést?
- ▶ Have you got anything on tomorrow?
  Van valami elfoglaltságod holnap?

MEGOLDÁS → 115. old., **have sth on**; **have got sth on** alatt.

49 hold on

Példamondatok

▸ **Hold on** a minute. I need to get my coat.
Várj egy percig! Vennem kell a kabátomat.

▸ Can you **hold on**? I'll see if Mr Jones is free to take your call.
Tudja tartani? Megnézem, tud-e most Mr Jones beszélni Önnel.

▸ Let's **hold on** (for) a few minutes and see if anyone else is coming.
Várjunk néhány percig, hátha még jön valaki.

▸ **Hold on** a second! That doesn't sound right at all.
Na várjunk csak! Ez valahogy nem stimmel.

Ellenőrzés

Használja a fenti példamondatokat a gyakorlat megoldásához!

Jelentés

Döntse el, hogy melyik a **hold on**
pontos jelentése!

a to stop what you are doing
b to wait for a short time
c to hold something

Nyelvtan

2 A következő mondatok közül melyek
a nyelvtanilag helyesek?

a Hold on.
b Hold on the phone.
c We held on for a few minutes.
d We were held on for a few minutes.

Gyakorlás

A következő helyzetek közül melyikben <u>nem</u>
használhatnánk a **hold on** kifejezést?

a when you want the person on the telephone to wait
b when you are in a hurry and somebody is being too slow
c when you need to think about the answer to a question

Mit mondana a következő helyzetekben?
Mindegyik válaszban használja a **hold on** kifejezést!

a Your friend is ready to go out, but you need to make
a quick phone call.

_____

_____ .

b The lesson is due to start, but only half the class has arrived.
You think it's better if you wait to see if more students arrive.

_____

_____ .

c The person you are speaking to on the telephone wants
to talk to your daughter. She is in another room.

_____

_____ .

Szókincsfejlesztés

Szinonim kifejezések

■ A **hang on** és a **hold on**
jelentése és használata
megegyezik, az előbbi
különösen a brit
angolban gyakori:

▸ **Hang on**, I'll be with you
in a minute.
Várj, azonnal jövök.

▸ Can you **hang on**? I'll see
if he's in.
*Egy perc türelmet kérek!
Megnézem, benn van-e.*

MEGOLDÁS → 115. old., **hold on** alatt.

50 hold somebody/something up

Példamondatok

- ► Roadworks on the motorway are **holding up** the traffic again.
  A munkálatok az autópályán akadályozzák a forgalmat.
- ► Opposition to the road and a lack of cash have **held up** progress.
  Az útépítés ellenzői és a pénzhiány hátráltatja a haladást.
- ► I'm sorry to be so slow. Am I **holding** people **up**?
  Sajnálom, hogy ilyen lassú vagyok. Feltartok valakit?
- ► Isn't Rose here yet? I'll go and see what's **holding** her **up**.
  Rose még nincs itt? Mindjárt megnézem, mi tartja fel.
- ► John's not home yet. He must have **been held up** at the office.
  John még nincs itthon. Bizonyára feltartották az irodában.

Ellenőrzés

Használja a fenti példamondatokat a gyakorlat megoldásához!

Jelentés

1 A következő szavak közül válasszon
ki kettőt, amelyekkel kiegészítve
a **hold somebody/something up**
meghatározását kapjuk!

block	cancel	control	delay

to _____ or _____ the
progress of somebody or something

Nyelvtan

2 A következő mondatok közül melyek
a nyelvtanilag helyesek?

- **a** She held the meeting up.
- **b** She held up the meeting.
- **c** She held it up.
- **d** She held up it.
- **e** The meeting was held up.

Gyakorlás

3 Egészítse ki a következő mondatokat az alábbi szavak
közül eggyel és a **hold somebody/something up**
megfelelő, szenvedő szerkezetű alakjával!

he	the boat	traffic	they

- **a** I'm sorry my father is not here.
  _____ in Chicago on business.
- **b** Sue and the kids are late.
  _____ in traffic.
- **c** They had enough food for several days in case
  _____ by gales.
- **d** Several roads were blocked, and
  _____ for over an hour.

4 Az alábbi mondatok közül
némelyik hibás. Keresse
meg és javítsa ki ahibákat!

- **a** I holded things up for an
  hour while I rearranged
  the furniture.
- **b** She held everybody up by
  arguing with the waiter
  about the bill.
- **c** Every time there's bad
  weather, the trains are
  being held up.

Szókincsfejlesztés

Származékszavak

- ■ FŐNÉV: **a hold-up** (= *fennakadás, akadály*)
- ► Why has the train stopped? What's the **hold-up**?
  Miért állt meg a vonat? Miféle akadály van?

MEGOLDÁS → 115. old., **hold sb/sth up** alatt.

51 keep up

Példamondatok

- He was walking very fast and I almost had to run to **keep up**.
  Nagyon gyorsan ment, majdnem futnom kellett, hogy lépést tartsak vele.
- Slow down! I can't **keep up**.
  Lassíts! Nem tudok ilyen gyorsan menni.
- The car behind went through a red light to **keep up** with us.
  A mögöttünk haladó autó átment a piroson, hogy ne maradjon le mögöttünk.
- Jack was walking fast, but I **kept up** with him.
  Jack nagyon gyorsan ment, de én lépést tartottam vele.

Ellenőrzés

Használja a fenti példamondatokat a gyakorlat megoldásához!

Jelentés

Döntse el, hogy az alábbiak közül melyik a **keep up** meghatározása!

a to move at the same rate or speed as somebody or something
b to move more slowly than somebody or something
c to move faster than somebody or something

Nyelvtan

2 A következő mondatok közül melyek a nyelvtanilag helyesek?

a I couldn't keep up.
b I couldn't keep up him.
c I couldn't keep up with him.
d He couldn't be kept up with.

Gyakorlás

Egészítse ki a következő mondatokat a **keep up** megfelelő alakjával!

a Hurry up! Please try _____ _____!
b You're walking too fast! _____ _____!
c We forgot that little Joe would have difficulty _____ _____.

Keep up vagy **catch up**? Nézze meg a **Jelentés** rész mondatait és a **catch up** kifejezést, azután válassza ki az alábbi mondatokba illő kifejezéseket!

a He's too far ahead now. You'll never *catch up/keep up* with him.
b Let's wait here until the others *catch up/keep up*.
c We walked along together, Jim almost running to *catch up/keep up* with me.

Szókincsfejlesztés

További jelentések

- A **keep up** kifejezés gyakran azt is jelentheti, hogy
1 valaki vagy valami ugyanolyan gyorsan fejlődik vagy növekszik, mint valaki vagy valami más:
- He didn't like maths and was struggling to **keep up** with the rest of the class.
  Nem szerette a matematikát, komoly erőfeszítésébe került, hogy lépést tartson az osztálytársaival.
2 valaki sikeresen megbirkózik valamilyen gyorsan változó helyzettel:
- The company is finding it hard to **keep up** with demand.
  A cég számára nem könnyű feladat lépést tartani az igényekkel.

Hasonló jelentésű kifejezések

- Lásd még a következő hasonló jelentésű kifejezést: **catch up**, **catch somebody/ something up**.

MEGOLDÁS → 115. old., **keep up** alatt.

52 leave somebody/something **out**; leave somebody/something **out of** something

Példamondatok

- ▶ You've spelt Michael's name wrong. You've **left out** the 'a'.
  Eltévesztetted Michael nevének helyesírását. Kihagytad az „a" betűt.
- ▶ I realized that I'd **left** Jenny **out** and went to get a cup for her.
  Rájöttem, hogy megfeledkeztem Jennyről, ezért hoztam neki is egy csészét.
- ▶ Can you check the guest list for me? I don't want to **leave** anyone **out**.
  Ellenőriznéd te is a vendégek listáját? Nem szeretnék senkit sem kihagyni.
- ▶ Why did you decide to **leave** Simpson **out of** the team?
  Miért döntöttél úgy, hogy kihagyod Simpsont a csapatból?
- ▶ She **was** always **left out** when it was time to make important decisions.
  Őt mindig kihagyták, amikor fontos döntésekre került sor.

Ellenőrzés

Használja a fenti példamondatokat a gyakorlat megoldásához!

Jelentés

1 Mi a **leave out** ellentéte? Az alábbi szavakból válasszon ki egyet!

a to add   b to include   c to omit

2 A **leave someone/something out** kifejezés véletlen vagy szándékos cselekvésre vonatkozik-e, vagy mind a kettőre?

a véletlen cselekvés
b szándékos cselekvés
c akár véletlen, akár szándékos

Nyelvtan

3 A következő mondatok közül melyek a nyelvtanilag helyesek?

a I left Alison out.
b I left out Alison.
c I left her out.
d I left out her.
e Alison was left out.

Gyakorlás

4 Egészítse ki a második mondatot a **leave out** megfelelő alakjával úgy, hogy a jelentés ne változzon!

a Tell me what happened, and give me all the details!
Tell me what happened, and don't _____!

b It seemed wrong not to invite Daisy, so she came along too.
It seemed wrong _____

c I wrote the number down, but I forgot to write the '0'.
I wrote the number down, but _____ .

d David wasn't included in the team because of injury.
David _____ .

MEGOLDÁS → 116. old., **leave sb/sth out**; **leave sb/sth out of sth** alatt.

53 let somebody down

Példamondatok

▶ When he missed that penalty, he felt that he'd **let** the team **down**.
*Amikor azt a büntetőt nem tudta berúgni, az volt az érzése,
hogy cserbenhagyta a csapatot.*

▶ We think that this government has **let down** particular communities.
Úgy gondoljuk, hogy ez a kormány egyes közösségeknek csalódást okozott.

▶ Don't worry – I won't **let** you **down** this time, I promise.
Ne aggódj, ígérem, hogy ezúttal nem foglak cserbenhagyni.

▶ He finds it hard to trust anyone – he's **been** badly **let down** in the past.
Nem nagyon tud bízni az emberekben – a múltban súlyos csalódás érte.

Ellenőrzés

Használja a fenti példamondatokat a gyakorlat megoldásához!

Jelentés

A következő meghatározások közül melyik írja le legjobban, milyen érzéseket fejez ki a **let somebody down** kifejezés?

a somebody has failed to help or support you in the way that you hoped or expected

b you wanted to help or support somebody but they didn't want you to

Nyelvtan

2 A következő mondatok közül melyek a nyelvtanilag helyesek?

a He let his parents down.
b He let down his parents.
c He let them down.
d He let down them.
e They were let down.

Gyakorlás

Your friend has promised to take you out for a meal on your birthday, but she lets you down.

Mi történik? Válassza ki az alábbi mondatok közül a legjobb választ!

a She has to work a bit late and changes the appointment to one hour later.
b She forgets and doesn't arrive at all.
c She takes you to a fast food restaurant.

4 A **let somebody down** megfelelő alakjának használatával alakítsa át a következő mondatokat úgy, hogy a jelentésük ugyanaz maradjon!

a If he promises that he'll do something for somebody, he always does it.
He never _____
_____ .

b If I don't pass these exams, I'll feel that I've disappointed my parents.
If I fail, I'll feel _____
_____ .

Szókincsfejlesztés

Származékszavak

■ FŐNÉV: **a let-down** (= *csalódás*)
▶ I enjoyed the movie but I thought the ending was rather a **let-down**.
Tetszett a film, de a vége nagy csalódás volt.

MEGOLDÁS → 116. old., **let sb down** alatt.

54 log off; log off something

Példamondatok

- ▶ Don't forget to **log off** when you've finished using the computer.
  Ne felejts el kilépni, amikor már nem használod tovább a számítógépet!
- ▶ Click 'yes' to **log off** from the computer.
  Ha ki akarsz lépni a rendszerből, kattints a „yes" gombra.
- ▶ Delete any unwanted files before you **log off** the system.
  Kilépés előtt töröld a nem szükséges fájlokat.

Ellenőrzés

Használja a fenti példamondatokat a gyakorlat megoldásához!

Jelentés

1 A következő szavak közül válasszon ki egyet, amellyel kiegészítve a mondat meghatározza a **log off** kifejezést!

> start   finish   end   continue

to perform the actions that allow you to _____ using a computer system

Nyelvtan

2 A következő mondatok közül melyek a nyelvtanilag helyesek?
  a I logged off.
  b I logged the computer off.
  c I logged off the computer.
  d I logged it off.
  e I logged off it.

- A **be logged off** szerkezet is gyakori:
- ▶ You **are** now **logged off**.
  Most már kiléptél.

Gyakorlás

3 Egészítse ki a következő mondatokat a **log off** megfelelő alakjával és, ahol szükséges, az alábbiak közül az egyik tárggyal!

> the system   the Internet

a Teenagers are _____ in millions because they can't buy things as they had hoped.

b You might have to wait until one of the other users _____ .

c You have just _____ and ended your session. Come back soon!

Szókincsfejlesztés

Szinonim kifejezések

- A **log out** és a **log out of something** kifejezések ugyanazt jelentik, és ugyanolyan szerkezetekben használják őket:
- ▶ You **are** already **logged out**.
  Már kiléptél a rendszerből.
- ▶ How do I **log out of** the databank?
  Hogy kell kilépni az adatbankból?

Ellentétes jelentésű kifejezések

- A **log off** ellentéte a **log on**:
- ▶ If your system is running slowly, try **logging off** and then **logging on** again.
  Ha túl lassú a gép, próbálj kilépni, majd újra belépni a rendszerbe!

MEGOLDÁS → 116. old., **log off; log off sth** alatt.

55 log on; log onto something

Példamondatok

- ▶ Can you show me how to **log on**?
  Meg tudod mutatni, hogy kell belépni a rendszerbe?
- ▶ Close all programs and **log on** as a different user.
  Zárj be minden programot, és lépj be újra.
- ▶ I don't know how to **log onto** this machine.
  Nem tudom, ezen a gépen hogy kell belépni.
- ▶ It's a great website and hundreds of people are **logging onto** it every day.
  Ez egy nagyszerű honlap, naponta több százan kattintanak rá.

Ellenőrzés

Használja a fenti példamondatokat a gyakorlat megoldásához!

Jelentés

A következő szavak közül válasszon ki egyet, amellyel kiegészítve a log on meghatározását kapjuk!

> begin   continue   stop

to perform the actions that allow you
to _____ using a computer
system

Nyelvtan

2 A következő mondatok közül melyek a nyelvtanilag helyesek?

- **a** I logged on.
- **b** I logged the computer on.
- **c** I logged onto the computer.
- **d** I logged it on.
- **e** I logged onto it.

- ■ Ezt a kifejezést gyakran használják a **be logged on** szerkezetben is:
- ▶ You **are** now **logged on**.
  Most már benne vagy a rendszerben.

Gyakorlás

Egészítse ki a következő mondatokat a log on vagy a log onto something megfelelő alakjával, és ahol szükséges, a felsoroltak közül az egyik tárggyal!

> the system   the Internet

a Every evening she _____
_____ to check the news.

b You can't _____
without a user name and password.

c Press CTRL + ALT + DELETE to
_____ .

Szókincsfejlesztés

Származékszavak

FŐNÉV: **a logon** (= *belépés (a rendszerbe)*)
- ▶ All successful **logons** are recorded.
  Minden sikeres belépést feljegyzünk.

Ellentétes jelentésű kifejezések

- ■ Lásd még a következő ellentétes jelentésű kifejezést: **log off**, **log off something**.

Szinonim kifejezések

- ■ A **log in** és a **log in something** ugyanazt jelenti, mint a **log on** és a **log on something**, és ugyanolyan szerkezetekben használatosak:
- ▶ Will you show me how to **log in**?
  Meg tudnád mutatni, hogy kell belépni?
- ■ A **login** főnév ugyanazt jelenti, mint a **logon**.

MEGOLDÁS → 116. old., **log on; log onto sth** alatt

56 look after somebody/something/yourself

Példamondatok

- ▶ She found that **looking after** two young children on her own was not easy.
  Rájött, hogy nem könnyű egyedül gondoskodni két gyerekről.
- ▶ Who's **looking after** the apartment while Amy and Ben are away?
  Ki vigyáz a lakásra, amíg Amy és Ben nincs itthon?
- ▶ That bike was expensive. You should **look after** it.
  Az a bicikli nagyon drága volt. Vigyázz rá!
- ▶ He was sixteen, and he felt that he was old enough to **look after** himself.
  Tizenhat éves volt, és úgy érezte, elég nagy ahhoz, hogy vigyázzon magára.
- ▶ My sister is still very ill and is **being looked after** by our parents.
  A nővérem még mindig nagyon beteg, a szüleink gondozzák.

Ellenőrzés

Használja a fenti példamondatokat a gyakorlat megoldásához!

Jelentés

1 A következő felsorolásból melyek jelentése áll a legközelebb a **look after somebody/something** jelentéséhez?

a not alone **c** safe **e** in good condition
b dry **d** happy

If you look after somebody you make sure that they are_____ . If you look after something you make sure that it is_____ .

Nyelvtan

2 A következő mondatok közül melyek a nyelvtanilag helyesek?

a I looked my brother after.
b I looked after my brother.
c I looked him after.
d I looked after him.
e My brother was looked after by me.

Gyakorlás

3 Egészítse ki a következő mondatokat a **look after** megfelelő alakjával és a felsoroltak közül az egyik tárggyal!

| himself him children your clothes |

a Stop worrying about Tom! He's quite old enough to _____ .
b Your new coat is dirty already! I wish you would _____ .
c You can always ask Kath to babysit. She loves _____ .
d When he was in hospital, the nurses _____ very well.

Szókincsfejlesztés

Szinonim kifejezések

- ■ A **care for** és a **take care of** ugyanazt jelentik, mint a **look after**. A **care for** formálisabb/ hivatalosabb, a **look after** gyakrabban fordul elő a brit angolban, míg a **take care of** gyakoribb az amerikaiban:
- ▶ She has a new job, **caring for** elderly patients.
  Új állása van, idős betegeket gondoz.
- ▶ When his wife got sick, he left work so that he could **take care of** her.
  Amikor a felesége beteg lett, otthagyta az állását, hogy ápolni tudja.

MEGOLDÁS → 116. old., **look after sb/sth/yourself** alatt.

57 look for somebody/something

Példamondatok

- I'm **looking for** my watch. Have you seen it?
  Nem találom az órámat. Nem láttad valahol?
- Jack **looked for** his name on the list but couldn't find it.
  Jack kereste a nevét a listán, de nem találta.
- Where have you been? We've been **looking for** you everywhere.
  Hol voltál? Már annyit kerestünk.
- He'd lost some files, and we spent over an hour **looking for** them.
  Elvesztett néhány dokumentumot és mi több mint egy órát töltöttünk a keresésével.
- What are you **looking for**?
  Mit keresel?
- I'm **looking for** a job at the moment, but it's hard to find one that is suitable.
  Most éppen állást keresek, de nehéz megfelelőt találni.

Ellenőrzés

Használja a fenti példamondatokat a gyakorlat megoldásához!

Jelentés

Az alábbiak közül melyik áll a leg-
közelebb a **look for somebody/
something** jelentéséhez?

a to watch somebody or something
b to search for somebody or something
c to take care of somebody or something

Nyelvtan

2 A következő mondatok közül melyek
a nyelvtanilag helyesek?

a He is looking for his brother.
b He is looking his brother for.
c He is looking for him.
d He is looking him for.

Gyakorlás

Egészítse ki a következő mondatokat a **look for**
megfelelő alakjával és a felsoroltak közül az egyik tárggyal!

| her son   her contact lenses   a blue shirt   it   an apartment |

a (In a shop) 'Can I help you?' 'Yes, I _____.'
b Have you seen my black scarf? I've _____ everywhere.
c Clare was on her hands and knees, _____.
d She was frantically _____, who had run off somewhere.
e My journey to work takes too long. I'm going _____ in the centre of town.

A következő mondatok közül az egyik hibás.
Keresse meg és javítsa ki a hibát!

a If you're looking for a cheap second-hand car,
  you've come to the right place!
b Is this the book you were looking for?
c Sarah lost her keys, so we spent ages looking for it all over the house.

MEGOLDÁS → 116. old., **look for sb/sth** alatt.

58 look forward to something

Példamondatok

- ▶ Are you **looking forward to** the wedding?
  Ugye nagyon várod már az esküvőt?
- ▶ I'm **looking forward to** seeing Jane and Peter again, aren't you?
  Már alig várom, hogy újra láthassam Jane-t és Peter-t, te nem?
- ▶ We're going to France next week. I'm really **looking forward to** it.
  A jövő héten Franciaországba megyünk. Már alig várom.
- ▶ Anna **looked forward to** the day when she could go home.
  Anna már nagyon várta a napot amikor hazatérhetett.
- ▶ I wasn't **looking forward to** going to the dentist again!
  Nem örültem annak, hogy ismét fogorvoshoz kellett mennem!

Ellenőrzés

Használja a fenti példamondatokat a gyakorlat megoldásához!

Jelentés

1 Döntse el, hogy az alábbi definíciók közül melyik felel meg a **look forward to something** jelentésének!

a to look at something that is in front of you
b to feel excited about something that is going to happen in the future
c to think about something unpleasant that might happen in the future

Nyelvtan

2 A következő mondatok közül melyek a nyelvtanilag helyesek?

a She's looking forward to the party.
b She's looking forward to it.
c She's looking forward to leave.
d She's looking forward to leaving.

Gyakorlás

3 A következő mondatok közül csak az egyik helyes. Melyik az a mondat? Keresse meg és javítsa ki a hibá(ka)t a többi mondatban is!

a I'm looking forward the party very much
   – all my friends are coming.
b What time is your brother arriving? I'm really looking forward to meet him.
c Finally the day of the wedding arrived. I'd been looking forward to it for ages.
d The mail only came once a week, so we always looked forward to.

4 Is there anything <u>you</u> are looking forward to? What are you <u>not</u> looking forward to?

Írjon néhány mondatot magáról, és használja a **look forward to** kifejezést!

_____
_____
_____

Szókincsfejlesztés

További jelentések

- ■ A **look forward to** kifejezés gyakran előfordul hivatalos levelek végén:
- ▶ I **look forward to** hearing from you soon.
  Mielőbbi válaszát várva
- ▶ **Looking forward to** meeting you next week.
  Örömmel tekintek elébe jövő heti találkozásunknak.

MEGOLDÁS → 116. old., **look forward to sth** alatt.

59 look something **up**

Ellenőrzés

Használja a fenti példamondatokat a gyakorlat megoldásához!

Jelentés

Egészítse ki a következő mondatot a zárójelben található egyik szóval vagy kifejezéssel!

to (*guess/search for*) a word or some (*information/names*) in a (*book/dictionary*) or on a computer

Nyelvtan

2 A következő mondatok közül melyek a nyelvtanilag helyesek?
a He looked the word up.
b He looked up the word.
c He looked it up.
d He looked up it.
e He looked him up.

Gyakorlás

A következő mandatok közül az egyik hibás. Keresse meg és javítsa ki a hibát!

a I enjoy using a dictionary and looking up new words.
b I usually look up new words up in a bilingual dictionary.
c I only use the Internet as a resource, for looking up useful information.
d I don't know where Brunei is – I would have to look up it on a map.

4 Egészítse ki a következő mondatokat a **look something up** megfelelő alakjával és a felsoroltak közül az egyik tárggyal!

her	number	something	it

a Every time I try to _____ ,
   the Internet crashes.
b Why don't you _____ in
   the phone book if you want to talk to her?
c The next train leaves at six o'clock.
   I _____ on the timetable.

Szókincsfejlesztés

Származékszavak

■ FŐNÉV: **look-up** (= *keresés*)
[Ez a főnév használható megszámlálható és megszámlálhatatlan főnévként is.]
▶ The new software has an instant **look-up** facility,
which is useful for reading web pages.
*Az új szoftvernek van egy gyorskereső programja,
ami nagyon hasznos, amikor honlapokat olvasunk.*

MEGOLDÁS → 116. old., **look sth up** alatt.

60 make something **up**

Példamondatok

▶ I don't believe you! You've **made up** the whole story.
Nem hiszek neked! Az egész történetet te találtad ki!

▶ She loves singing and even **makes up** her own songs.
Szeret énekelni, még a dalait is saját maga írja.

▶ He didn't know the true facts so he **made** them **up**.
A valós tényeket nem tudta, ezért kitalálta őket.

▶ The figures are not real but have **been made up** as an example.
A számok nem valóságos, hanem kitalált példák.

Ellenőrzés

Használja a fenti példamondatokat a gyakorlat megoldásához!

Jelentés

1 Az alábbiak közül melyiknek a jelentése áll a legközelebb a **make something up** jelentéséhez?

a to emphasize something
b to imagine something
c to invent something

Nyelvtan

2 A következő mondatok közül melyek a nyelvtanilag helyesek?

a He made up an excuse.
b He made it up.
c He made up it.
d The story was made up by a child.

Gyakorlás

3 Válaszoljon a következő kérdésekre, használja a **make up** megfelelő alakját és egy tárgyat, ami lehet főnév vagy névmás!

a Do you believe him?
No, I think he _____.

b Is this a true story?
No, it _____.

c What excuse did you give for being late?
Oh, I _____.

d I don't think you're telling the truth.
I promise I _____.

4 Javítsa ki az esetleges hibákat a következő mondatokban!

a Of course it's not true! I made it all up!
b Most of what had been written about her in the papers had made up.
c He can't have make up all that stuff about the army, can he?

Szókincsfejlesztés

Származékszavak

MELLÉKNÉV: **made-up** (= *kitalált*)

▶ It was a true story, not a **made-up** one.
Igaz történet volt, nem kitalált.

MEGOLDÁS → 116. old., **make sth up** alatt.

61 own up; own up to something

Példamondatok

- ► Are you sure he did it? Did he **own up**?
  Biztos vagy benne, hogy ő csinálta? Bevallotta?
- ► Don't be afraid to **own up to** your mistakes.
  Ne félj beismerni a hibáidat!
- ► A vase had been broken, but nobody **owned up to** it.
  Egy váza eltört, de senki nem vállalta magára.
- ► Will anybody **own up to** breaking the window?
  Hajlandó valaki beismerni, hogy ő törte be az ablakot?

Ellenőrzés

Használja a fenti példamondatokat a gyakorlat megoldásához!

Jelentés

Döntse el, hogy az alábbi magyarázatok közül melyik az **own up/own up to something** meghatározása!

a to admit that you are responsible for something that has happened
b to say that something belongs to you
c to feel guilty about something that has happened

Nyelvtan

2 A következő mondatok közül melyek a nyelvtanilag helyesek?

a She owned up.
b She owned up her mistake.
c She owned up to her mistake.
d She owned up to it.
e She owned up to make a mistake.
f She owned up to making a mistake.
g The mistake was owned up to.

Gyakorlás

You took some money from your mother's purse, but later you own up to it.
A következő mondatok közül melyiket mondanánk ebben az esetben?

a It was my idea!
b It was him!
c It wasn't me!
d I did it!
e I don't know who did it!

Egészítse ki a következő mondatokat a **own up/own up to** megfelelő alakjával!

a Eventually the boys ⎯⎯⎯⎯⎯⎯⎯⎯⎯⎯ inventing the story as a joke.
b When none of the staff ⎯⎯⎯⎯⎯⎯⎯⎯⎯⎯, they all lost their jobs.
c If the person responsible ⎯⎯⎯⎯⎯⎯⎯⎯⎯⎯, they won't be punished.
d In the end I felt so guilty that I couldn't help ⎯⎯⎯⎯⎯⎯⎯⎯⎯⎯ .
e She was close to tears as she ⎯⎯⎯⎯⎯⎯⎯⎯⎯⎯ taking the money.
f For some reason he refuses to ⎯⎯⎯⎯⎯⎯⎯⎯⎯⎯ his mistakes.

MEGOLDÁS → 116. old., **own up; own up to sth** alatt.

62 pick somebody/something up (1)

Példamondatok

▶ He **picked up** my bags and took them to my room.
Felvette a csomagjaimat, és bevitte a szobámba.

▶ **Pick** your books **up** off the floor, please.
Légy szíves, szedd fel a könyveidet a földről!

▶ If the baby starts crying, **pick** him **up**.
Ha a baba sírni kezd, vedd fel!

▶ Mary was crying to **be picked up** and carried.
Mary azért sírt, mert azt akarta, hogy vegyék föl és ölben vigyék.

Ellenőrzés

Használja a fenti példamondatokat a gyakorlat megoldásához!

Jelentés

1 Az alábbiak közül melyiknek a jelentése áll a legközelebb a **pick somebody/ something up** jelentéséhez?

a to carry   c to lift
b to choose   d to hold

Nyelvtan

2 A következő mondatok közül melyek a nyelvtanilag helyesek?

a I picked the pen up.
b I picked up the pen.
c I picked it up.
d I picked up it.
e The pen was picked up.

Gyakorlás

3 Egészítse ki a következő mondatokat a **pick up** megfelelő alakjával és a felsoroltak közül az egyik tárggyal!

> her clothes   her   it   my credit card   a card

a He dropped his hat, so I _____ for him.
b When it's your turn, you have to _____ from the pile.
c She was so heavy that I could only just _____ .
d I spent a few minutes _____ off the floor and hanging them in the closet.
e Did you _____ by mistake? I think I left it on the table.

Szókincsfejlesztés

Idióma: pick up the pieces

■ Azt fejezi ki, hogy valamilyen csapás vagy megrázkódtatás után valakinek mindent elölről kell kezdenie, ill. hogy egy ilyen helyzetbe került személynek lelki támaszt kell nyújtani:

▶ He walked out on his family, leaving his wife to **pick up the pieces**.
Otthagyta a családját, és a feleségére maradt, hogy újra szervezze az életet.

Ellentétes jelentésű kifejezések

■ Lásd még a következő ellentétes jelentésű kifejezést: **put somebody/something down**.

MEGOLDÁS → 117. old., **pick sb/sth up** alatt.

63 pick somebody/something **up** (2)

Példamondatok

- ▶ I have to **pick** the kids **up** from school this afternoon.
  Ma délután nekem kell a gyerekekért mennem az iskolába.
- ▶ We can **pick up** the tickets an hour before the show starts.
  A jegyeket az előadás előtt egy órával vehetjük át.
- ▶ Shall I **pick** you **up** from work today?
  Menjek érted kocsival a munkahelyedre?
- ▶ What time are you **being picked up** in the morning?
  Reggel mikor jönnek érted?

Ellenőrzés

Használja a fenti példamondatokat a gyakorlat megoldásához!

Jelentés

Döntse el, hogy az alábbiak közül melyik
a **pick somebody up** meghatározása!

a to help somebody to go somewhere
b to collect somebody in your vehicle and take them
somewhere

Döntse el, hogy az alábbiak közül melyik
a **pick something up** meghatározása!

a to collect something   **c** to choose something
b to find something

Nyelvtan

3 A következő mondatok
közül melyek a nyelvtanilag
helyesek?

a He picked the tickets up.
b He picked up the tickets.
c He picked them up.
d He picked up them.
e The tickets were picked up.

Gyakorlás

Egészítse ki a következő mondatokat a **pick up** megfelelő
alakjával, egy tárggyal és a zárójelben lévő határozóval!

> the tickets   you   his suitcase   the children

a I can't meet you at 3.30. I have to _____. *(from school)*
b We need to _____. *(from the Box Office)*
c I'm working late tonight. I can't _____. *(until eight)*
d He had to go home first and _____. *(for the weekend)*

Szókincsfejlesztés

Származékszavak

- ■ FŐNÉV: **a pickup** (= *utasfelvétel*)
- ▶ The bus driver made several **pickups**
  before heading for the airport.
  *A buszsofőr számos utast vett fel,
  mielőtt a repülőtér felé kanyarodott.*

Ellentétes jelentésű kifejezések

- ■ Lásd még a következő ellentétes
  jelentésű kifejezést: **drop somebody/
  something off**.

További jelentések

- ■ Ez a kifejezés azt is jelentheti „kocsijával
  felvesz (utast)".

MEGOLDÁS → 117. old., **pick sb/sth up** alatt.

64 put something away

Példamondatok

- When the bell rang, the students quickly **put** their books **away**.
  Amikor megszólalt a csengő, a diákok gyorsan eltették a könyveiket.
- He always **puts away** his toys when he's finished playing with them.
  Mindig elrakja a játékait miután játszott velük.
- I carefully folded all my winter clothes and **put** them **away** in the cupboard.
  Gondosan összehajtottam a téli ruháimat és eltettem a szekrénybe.
- To her surprise, she found that all the dishes had **been** washed and **put away**.
  Meglepve látta, hogy a szennyes edény mind el volt mosogatva és el volt rakva.

Ellenőrzés

Használja a fenti példamondatokat a gyakorlat megoldásához!

Jelentés

1 Döntse el, hogy az alábbi definíciók közül melyik felel meg leginkább a **put something away** jelentésének!

a to put something far away from you because you do not want it near you

b to put something in a bin or trash can because you do not want it

c to put something in a box, a drawer, etc. because you have finished using it

Nyelvtan

2 A következő mondatok közül melyek a nyelv-tanilag helyesek?

a He put his things away.

b He put away his things.

c He put them away.

d He put away them.

e His things were put away.

Gyakorlás

3 Egészítse ki a következő mondatokat a **put away** megfelelő alakjával és a felsoroltak közül az egyik tárggyal!

> them   your toys   it   the cakes   the car

a You'd better _____ before I eat them all!

b Do you want to listen to this CD again or shall I _____ ?

c Stop playing and _____ now, Tim. It's time for bed.

d I think I'll _____ in the garage – it's safer than leaving it in the street.

e Why do you always leave your clothes on the floor? Why can't you _____ ?

4 Válaszoljon a következő kérdésekre, használja a **put away** ige megfelelő alakját!

a Have you finished with the dictionary?

_____ .

b Where's the milk?

_____ .

MEGOLDÁS → 117. old., **put sth away** alatt.

65 put somebody/something down

Példamondatok

- ► She's always **putting** her glasses **down** somewhere and losing them.
  Mindig leteszi valahová a szemüvegét, aztán nem találja.
- ► At the end of the exam the teacher told everyone to **put down** their pens.
  A vizsga végén a tanár azt mondta, hogy mindenki tegye le a tollát.
- ► You're going to break that vase if you're not careful. **Put** it **down**.
  Ha nem vigyázol, el fogod törni azt a vázát. Tedd le!
- ► I want to go and play, Mummy. **Put** me **down**!
  Mami, szeretnék játszani, tegyél le!
- ► He heard the sound of the phone **being put down**.
  Hallotta, hogy leteszik a kagylót.

Ellenőrzés

Használja a fenti példamondatokat a gyakorlat megoldásához!

Jelentés

Használjon az alábbi szavak közül négyet, ezekkel egészítse ki a **put somebody/something down** meghatározását!

surface	table	place	holding	keep	floor

to _____ somebody or
something that you are _____ on the
_____ or another _____

Nyelvtan

2 A következő mondatok közül melyek a nyelvtanilag helyesek?

- **a** I put the bag down.
- **b** I put down the bag.
- **c** I put it down.
- **d** I put down it.
- **e** The bag was put down.

Gyakorlás

Egészítse ki a következő mondatokat, használja a **put somebody/something down** kifejezést!

- **a** The book was so good that I _____ .
- **b** She's got too many things in her hands! Why doesn't she _____ ?
- **c** The police told the robbers to _____ .
- **d** The baby's gone to sleep on your shoulder. _____ .

Szókincsfejlesztés

Ellentétes jelentésű kifejezések

- ■ A **put somebody/something down** ellentéte a **pick somebody/something up**:
- ► She walked nervously around the room, **picking** things **up** and **putting** them **down** again.
  Idegesen sétált ide-oda a szobában, egyes tárgyakat felemelt, majd letett.

MEGOLDÁS → 117. old., **put sb/sth down** alatt.

66 put somebody off;
put somebody off something/somebody (1)

Példamondatok

- ▶ His manner tends to **put** people **off**.
  A modora elriasztja az embereket.
- ▶ Don't tell Lisa how hard the course is – you'll **put** her **off**!
  Ne mondd meg Lizának, milyen nehéz a tanfolyam, csak elveszed a kedvét.
- ▶ They did their best to **put** their son **off** the idea of acting as a career.
  Minden tőlük telhetőt megtettek, hogy elvegyék a fiuk kedvét a színészi pályától.
- ▶ It's the smell of garlic that **puts** most people **off** it.
  A legtöbb ember a szaga miatt utálja a fokhagymát.
- ▶ The accident **put** me **off** driving for a long time.
  A baleset hosszú időre elvette a kedvem a vezetéstől.
- ▶ Don't **be put off** by his appearance – he's really very nice.
  Ne engedd, hogy elriasszon a külseje, igazán nagyon kedves ember.

Ellenőrzés

Használja a fenti példamondatokat a gyakorlat megoldásához!

Jelentés

1 A következő szavak felhasználásával egészítse ki a **put somebody off** meghatározását!

> interested   liking   stop

to make somebody _____
_____ or being _____
in somebody or something

Nyelvtan

2 A következő mondatok közül melyek a nyelvtanilag helyesek?
a It put John off.
b It put John off his food.
c It put John off to eat his food.
d It put John off eating his food.
e It put him off.
f John was put off.

Gyakorlás

3 A következő mondatokat egészítse ki a **put somebody off** kifejezéssel és egyéb szükséges szavakkal úgy, hogy a mondatok jelentése ugyanaz maradjon!

a After the accident James didn't want to ride a bike for a long time.
  The accident_____.
b Don't worry about the cost of the book.
  Don't be _____.
c I stopped liking him because of his political views.
  His political views _____.

Szókincsfejlesztés

Származékszavak

- ■ MELLÉKNÉV: **off-putting**
  (= *elkedvetlenítő, taszító*)
- ▶ He seemed friendly enough, but he had a rather **off-putting** manner.
  Elég barátságosnak látszott, de a modora riasztó.

MEGOLDÁS → 117. old., **put sb off; put sb off sth** alatt.

67 put somebody off; put somebody off something (2)

Példamondatok

- ▶ The manager complained that the noise of the crowd had **put** his players **off**.
  A menedzser azt panaszolta, hogy a tömeg okozta lárma megzavarta a játékosait.
- ▶ Don't stand there watching me – you're **putting** me **off**!
  Ne állj ott és nézz, engem ez zavar.
- ▶ The loud music **put** Ben **off** his work.
  A hangos zene elvonta Ben figyelmét a munkától.
- ▶ In the exam I **was** rather **put off** by somebody coughing.
  A vizsga közben zavart, hogy valaki köhög.

Ellenőrzés

Használja a fenti példamondatokat a gyakorlat megoldásához!

Jelentés

Döntse el, hogy a két meghatározás közül melyik magyarázza meg a **put somebody off** jelentését!

a to disturb somebody who is trying to give all their attention to something

b to cancel something that you have arranged with somebody

Nyelvtan

2 A következő mondatok közül melyek a nyelvtanilag helyesek?

a The noise put Ben off.
b The noise put off Ben.
c The noise put Ben off his work.
d The noise put him off.
e Ben was put off.

Gyakorlás

Egészítse ki a következő mondatokat a **put somebody off** kifejezés megfelelő alakjával és más szükséges szavakkal vagy kifejezésekkel!

a How can you work while the TV's on? Doesn't

_____?

b I don't want my friends to come and watch me play. They

_____.

c I didn't realize you were trying to work. I can turn the radio off
if _____.

A következő mondatok közül némelyik hibás.
Keresse meg és javítsa ki a hibákat!

a If I want to do well, I mustn't let anything put off my work this week.
b It had started to rain, but this didn't put her off her game at all.
c The children all sat at the front and tried to put off the teacher.
d The noise of the traffic is putting her off, so she closed the window.

Szókincsfejlesztés

Származékszavak

- ■ MELLÉKNÉV: **off-putting** (= *zavaró*)
- ▶ Some children find it **off-putting** to have a teacher watching them while they work.
  Egyes gyerekeket zavarja, ha a tanár munka közben nézi őket.

MEGOLDÁS → 117. old., **put sb off**; **put sb off sth** alatt.

68 put something **off**

Ellenőrzés

Használja a fenti példamondatokat a gyakorlat megoldásához!

Jelentés

1 A következő igék közül
melyiknek a jelentése
azonos a **put something
off** kifejezés jelentésével?

a to cancel something
b to delay something
c to refuse something
d to prevent something

Nyelvtan

2 A következő mondatok
közül melyek a nyelv-
tanilag helyesek?

a She put her visit off.
b She put off her visit.
c She put it off.
d She put off it.
e Her visit was put off.

Gyakorlás

3 Írja át a dőlt betűvel szedett mondatokat úgy,
hogy a jelentésük ugyanaz maradjon! Használja
a **put something off** kifejezést és egy tárgyat, amely
lehet főnév vagy névmás!

a I'm afraid I have no time for the meeting today.
Can we leave it until tomorrow?

_____.

b This job must be done today – *it cannot be delayed any longer*.

_____.

c *I always wait until the last minute to do my work.*

_____.

4 What do <u>you</u> put off?
Olvassa el a példamondatokat, és írjon három mondatot saját magáról!

a I hate cleaning the bathroom so I always put it off.
b I never put off paying my bills.
c _____.
d _____.
e _____.

MEGOLDÁS → 117. old., **put sth off** alatt.

69 put something **on**

Ellenőrzés

Használja a fenti példamondatokat a gyakorlat megoldásához!

Jelentés

Döntse el, melyik a **put something on** pontos jelentése!

a to be wearing an item of clothing
b to put an item of clothing on your body

A következő főnevek közül melyek <u>nem</u> lehetnek a **put on** tárgyai?

a shoes
b a handkerchief
c a watch
d earrings
e an umbrella

Nyelvtan

3 A következő mondatok közül melyek a nyelvtanilag helyesek?

a He put his coat on.
b He put on his coat.
c He put it on.
d He put on it.
e His coat was put on.

Gyakorlás

Melyik kifejezés, a **put on** vagy a **wear** a helyes az alábbi mondatokban? A döntésben segít a **Jelentés** első kérdésére adott válasz.

a Do you *put on/wear* glasses?
b What was he *putting on/wearing* when you last saw him?
c I got up quickly and *put on/wore* my clothes.

Válaszoljon a következő kérdésekre, használja a **put something on** megfelelő alakját és a zárójelben megadott szavakat!

a 'I'm very cold!'
   'Why don't _____?' (*your jacket*)
b 'I've got a job interview this afternoon.'
   'Don't forget _____.' (*a tie*)

Szókincsfejlesztés

Ellentétes jelentésű kifejezések

■ Lásd még a következő ellentétes jelentésű kifejezést: **take something off**.

További jelentések

■ A **put something on** azt is jelenti, hogy valamit a bőrünkre kenünk vagy fújunk, például krémet vagy kölnit:
▶ She spends a long time **putting on** her make-up.
Soká tart, amíg kikészíti magát.

■ Lásd még a **turn something on** kifejezést.

MEGOLDÁS → 117. old., **put sth on** alatt.

70 put somebody out

Példamondatok

▶ I didn't want to **put** my aunt **out**, so I only stayed one night with her.
Nem akartam a nagynénémnek kényelmetlenséget okozni, ezért csak egy éjszakára maradtam nála.

▶ I'd love a cup of tea, if it doesn't **put** you **out** too much.
Meginnék egy csésze teát, ha ezzel nem okozok túl nagy kényelmetlenséget.

▶ Would it **put** your parents **out** if we brought the kids with us?
Túlságosan nagy kényelmetlenséget okozna a szüleidnek, ha a gyerekeket is magunkkal hoznánk?

Ellenőrzés

Használja a fenti példamondatokat a gyakorlat megoldásához!

Jelentés

1 Az alábbi meghatározások közül melyik áll a legközelebb a **put somebody out** jelentéséhez?

a to make somebody leave a place or a job
b to make trouble, problems or extra work for somebody
c to make somebody angry or annoyed

Nyelvtan

2 A következő mondatok közül melyek a nyelvtanilag helyesek?

a She put her family out.
b She put out her family.
c She put them out.
d She put out them.
e She put it out.

Gyakorlás

3 Az alábbi helyzetek közül melyik esettel kapcsolatban használhatjuk a **put somebody out** kifejezést?

a I'm going into town anyway, so it's no trouble to take Harry to school.
b He stayed with us for three whole weeks, which was rather difficult.
c This is the third time I've done this journey today!
d Jane stayed for dinner, which was lovely.

4 Az alábbi két mondat hibás. Keresse meg és javítsa ki a hibákat!

a I hope our arriving late didn't put yourself out at all.
b Would it put out you too much if he came to stay for a day or two?

Szókincsfejlesztés

További jelentések

■ A **put yourself out** kifejezés gyakran azt is jelentheti, vesszük magunknak a fáradságot valakinek a kedvéért:

▶ She really **put herself out** for her visitors.
Igazán mindent megtett, hogy a vendégei kedvében járjon.

■ Szenvedő szerkezetben a **be put out** jelentése legtöbbször: „ki van borulva", „meg van sértve":

▶ He **was** extremely **put out** when I couldn't remember his name.
Nagyon megsértődött, amikor nem jutott eszembe a neve.

MEGOLDÁS → 117. old., **put sb out** alatt.

71 put something out

Példamondatok

- ▶ You can't smoke in here. **Put** that cigarette **out**, please.
  Itt tilos a dohányzás. Kérem, oltsa el a cigarettát!
- ▶ They tried to **put out** the fire themselves.
  Megpróbálták saját maguk eloltani a tüzet.
- ▶ The paper caught fire, but thankfully we managed to **put** it **out**.
  A papír tüzet fogott, de szerencsére sikerült eloltanunk.
- ▶ It was late at night before the blaze **was** finally **put out**.
  Késő éjszaka volt, mire a tüzet végre sikerült eloltani.

Ellenőrzés

Használja a fenti példamondatokat a gyakorlat megoldásához!

Jelentés

A következő szavak közül válasszon ki egyet, amellyel kiegészítve a **put something out** magyarázatát kapjuk!

to stop something _____

a burning
b shining
c working

Nyelvtan

2 A következő mondatok közül melyek a nyelvtanilag helyesek?
  a They put the fire out.
  b They put out the fire.
  c They put it out.
  d They put out it.
  e The fire was put out.

Gyakorlás

Alkosson a következő fél mondatokból egy-egy teljes mondatot!

a After more than ten hours
b His cigar was making me cough
c Fortunately, the fire was put out
d Two hose reels were used

i to put the flames out.
ii before any serious damage was done.
iii so he put it out.
iv the fire was still blazing.

Egészítse ki a következő mondatokat a **put out** megfelelő alakjával és, ahol szükséges, egyéb szavakkal vagy kifejezésekkel!

a It is a firefighter's job to _____ .
b He was smoking in my room, which I hate, so I asked him if _____ .
c The blaze destroyed two shops before it _____ .

Szókincsfejlesztés

Szinonim kifejezések

- ■ Az **extinguish something** ugyanzt jelenti, mint a **put something out**, de rendszerint hivatalosabb szövegkörnyezetben használják:
- ▶ All passengers are kindly requested to **extinguish** their cigarettes and fasten their seatbelts.
  Kérjük kedves utasainkat, fejezzék be a dohányzást, és kapcsolják be a biztonsági övüket.

MEGOLDÁS → 117. old., **put sth out** alatt.

72 put up with somebody/something

Példamondatok

- ► She **put up with** her noisy neighbours for years.
  Éveken keresztül elviselte a lármás szomszédait.
- ► I find him very annoying. I don't know how she **puts up with** him.
  Engem rettenetesen idegesít ez az ember, nem tudom, ő hogy tudja elviselni.
- ► I am not **putting up with** that sort of behaviour!
  Ezt a fajta viselkedést nem tűröm el.
- ► He says it's a nuisance but he can **put up with** it.
  Azt mondja, ez elég kellemetlen, de el tudja viselni.
- ► I hate the city, but we **put up with** living there because of our jobs.
  Utálom a várost, de az állásunk kedvéért elviseljük.

Ellenőrzés

Használja a fenti példamondatokat a gyakorlat megoldásához!

Jelentés

1 Az alábbiak közül melyik felel meg leginkább a **put up with** jelentésének?

- **a** to continue
- **b** to tolerate
- **c** to be annoyed

Nyelvtan

2 A következő mondatok közül melyek a nyelvtanilag helyesek?

- **a** She put up with the noise.
- **b** She put it up with.
- **c** She put up with it.
- **d** She put up with live there.
- **e** She put up with living there.
- **f** The noise was put up with.

Gyakorlás

3 Mire vonatkozik az **it** az alábbi mondatokban? Mindegyik mondatban helyettesítse az **it** névmást a felsorolt főnevek egyikével!

> the noise   this behaviour   the dust   the weather   the problem

- **a** It's a bit cold, but I can put up with it.
- **b** I won't put up with it. I'm going to tell them to keep quiet.
- **c** It can't be fixed until Friday, so we'll just have to put up with it.
- **d** I've tried to put up with it but it makes me sneeze.
- **e** Why is she doing this? I'm not going to put up with it!

4 Válaszoljon a következő kérdésekre, használja a **put up with** megfelelő alakját! Az első választ megadtuk, annak mintájára alkossa meg a többi választ!

- **a** Why did you decide to leave your job?
  Because I couldn't put up with my boss any longer.
- **b** Why don't you like him?
  Because _____.
- **c** Why did you leave your job in the city?
  Because _____.
- **d** Do you like living in the country, then?
  No, but _____.

MEGOLDÁS → 117. old., **put up with sb/sth** alatt.

73 run out; run out of something

Példamondatok

- Money **ran out** after four years and the building was never finished.
  Négy év alatt elfogyott a pénz, és az építkezést soha nem fejezték be.
- 'Why has the car stopped?' 'It's **run out of** petrol.'
  „Miért állt le az autó?" „Kifogyott a benzin."
- 'Can I have one?' 'I'm afraid we've **run out**.'
  „Én is kaphatnék belőle?" „Sajnos, mind elfogyott."
- I've **run out of** sugar. I'll see if I can borrow some.
  Elfogyott a cukor. Megnézem, tudok-e valakitől kölcsönkérni.
- Time is **running out** and we still have loads to do.
  Mindjárt lejár az idő, és még mindig rengeteg tennivalónk maradt.

Ellenőrzés

Használja a fenti példamondatokat a gyakorlat megoldásához!

Jelentés

A következő szavak közül válasszon ki hármat, amelyekkel kiegészítve a **run out** meghatározását kapjuk!

little	none	supply	used

if a supply of something runs out, or if a person runs out of a _____ of something, there is _____ left because it has all been _____

Nyelvtan

2 A következő mondatok közül melyek a nyelvtanilag helyesek?

a Our money ran out.
b We ran out.
c We ran out money.
d We ran out of money.
e Our money was run out of.

Gyakorlás

Válaszoljon a következő kérdésekre, használja a **run out** vagy **run out of** megfelelő alakját és egyéb szükséges szavakat!

a Why was the project stopped?
Because funds _____.

b Shall I make us a coffee?
You can't. We _____.

c Is there any more wine?
I think _____.

d Are you going to have another Coke?
No. I _____.

Az alábbi mondatokban keresse meg és javítsa ki a hibákat!

a The torch doesn't work. The battery must have run out.
b You have run out space on the disk.
c Dad took so many photos he soon runs out of film.
d The report was printed on blue paper, as the white had ran out.
e They ran out of petrol in the middle of nowhere.
f The whole team is tired and they're running out ideas.

MEGOLDÁS → 118. old., **run out; run out of sth** alatt.

74 sell out; sell out of something; be sold out

Példamondatok

▶ Tickets for the game will **sell out** very quickly.
A meccsre minden jegyet gyorsan el fognak adni.
▶ 'I'd like some bread, please.' 'I'm afraid we've **sold out**.'
„Kenyeret kérek.” „Sajnos mind elfogyott.”
▶ They had **sold out of** milk by 9 a.m.
Kilencig az összes tejet eladták.
▶ The performance **was** completely **sold out**.
Az előadásra minden jegy elkelt.
▶ We **are** already **sold out** for Saturday's concert.
A szombati hangversenyre már minden jegy elkelt.

Ellenőrzés

Használja a fenti példamondatokat a gyakorlat megoldásához!

Jelentés

1 Egészítse ki a következő mondatokat a zárójelben található egyik szóval!

a If something **sells out**, it is
_____ *(almost/all)* sold
and there is _____
(a little/none) left.

b If somebody **sells out** or **sells out of** something, they have sold
_____ *(all/most)* of it
and have _____
(nothing/little) left.

Nyelvtan

2 A következő mondatok közül melyek a nyelvtanilag helyesek?

a The tickets sold out.
b They sold out the tickets.
c They sold out of tickets.
d The tickets were sold out.
e The concert was sold out.
f We are sold out every night next week.

Gyakorlás

3 Válaszoljon a következő kérdésekre, használja a **sell out** vagy a **be sold out** kifejezés megfelelő alakját!

a Did you get the newspaper?
No, _____.

b Why are you reserving your tickets so early?
Because _____.

c Do you have this shirt in blue, please?
I'm afraid _____.

Szókincsfejlesztés

Származékszavak

■ FŐNÉV: a **sell-out** (= *telt ház*)
[Ezt a főnevet általában egyes számban használják.]
▶ Their concert was a **sell-out**.
A hangversenyükön telt ház volt.

MEGOLDÁS → 118. old., **sell out**; **sell out of sth**; **be sold out** alatt.

75 set off

Példamondatok

- ► When are you planning to **set off**?
  Mikorra tervezed az indulást?
- ► I usually **set off** for college at about seven.
  Általában hétkor indulok a főiskolára.
- ► It was late by the time he **set off** on the return journey.
  Már késő volt, amikor visszaindult.
- ► They quickly got in the car and **set off** down the road.
  Gyorsan beszálltak az autóba, és elindultak.
- ► We unpacked and changed our clothes before **setting off** to explore.
  Kicsomagoltunk és átöltöztünk, mielőtt felfedezőútra indultunk.

Ellenőrzés

Használja a fenti példamondatokat a gyakorlat megoldásához!

Jelentés

A következő szavak közül válasszon ki kettőt, amelyekkel kiegészítve a **set off** meghatározását kapjuk!

journey begin holiday end job arrange

to _____ a _____

Nyelvtan

2 A következő mondatok közül melyek a nyelvtanilag helyesek?

- **a** We set off.
- **b** We set off the journey.
- **c** The journey set off.

Gyakorlás

Egészítse ki a következő mondatokat a **set off** megfelelő alakjával és a felsoroltak közül az egyik elöljárószóval! Mindegyik elöljárószót csak egyszer használja!

at   on   down   for   until

- **a** After breakfast they _____ the mountain.
- **b** Do you want something to eat before you _____ work?
- **c** He finally _____ the first stage of his round-the-world trip.
- **d** Every morning she _____ 6 a.m. in order to miss the rush-hour traffic.
- **e** I'm not surprised we're late. We didn't _____ 8 o'clock!

Válaszoljon a következő személyes kérdésekre, használja a **set off** megfelelő alakját!

- **a** What time do you leave for school/college/ work every day? _____ .
- **b** You are going shopping with a friend. What time will you leave home? _____ .

MEGOLDÁS → 118. old., **set off** alatt.

Szókincsfejlesztés

Szinonim kifejezések

- ■ A **set out** ugyanazt jelenti, mint a **set off**, de az előbbit gyakrabban használják hosszabb úttal kapcsolatban:
- ► He **set out** on the last stage of his round-the-world trip.
  Elindult világkörüli útjának utolsó szakaszára.

76 set something up

Példamondatok

- ▶ They often talked about **setting up** their own business.
  Gyakran beszéltek arról, hogy saját céget alapítanak.
- ▶ He **set** the company **up** three and a half years ago.
  Három és fél évvel ezelőtt létesítette a céget.
- ▶ The company is still run by Anna Marsh, who **set** it **up** in 1983.
  A céget még mindig Anna Marsh vezeti, ő alapította 1983-ban.
- ▶ She **set up** a group for single parents and their children.
  Létrehozott egy csoportot gyermeküket egyedül nevelő szülők és gyermekeik részére.
- ▶ A committee **was set up** to investigate the problems.
  Bizottságot hoztak létre a problémák kivizsgálására.

Ellenőrzés

Használja a fenti példamondatokat a gyakorlat megoldásához!

Jelentés

1 Döntse el, hogy az alábbiak közül melyik felel meg leginkább a **set something up** jelentésének!

a to control something
b to create or start something
c to arrange or manage something

Nyelvtan

2 A következő mondatok közül melyek a nyelvtanilag helyesek?

a He set the system up.
b He set up the system.
c He set it up.
d He set up it.
e The system was set up.

Gyakorlás

3 Írjon kérdéseket, melyekre a következő válaszok adhatók! Használja a **set something up** megfelelő alakját egy-egy odaillő szerkezettel!

a What kind of company did he set up?
  It manufactures computer software.

b _____ ?
  In 1992.

c _____ ?
  Because he was tired of working for other people.

d _____ ?
  I don't think so. One is enough!

4 Would <u>you</u> like to set up your own business?
  Írjon egy teljes mondatot, melyben megindokolja a válaszát!

  _____ .

MEGOLDÁS → 118. old., **set sth up** alatt.

77 settle down

Példamondatok

▶ What Manuela really wanted was to get married and **settle down**.
  Tulajdonképpen Manuela férjhez akart menni és normális életet kezdeni.
▶ I'm going to travel for six months before **settling down** with a career.
  Hat hónapig utazgatni fogok, mielőtt letelepszem és állást vállalok.
▶ Jack had **settled down** with his new wife in a small town near London.
  Jack új feleségével egy London környéki kisvárosban telepedett le.

Ellenőrzés

Használja a fenti példamondatokat a gyakorlat megoldásához!

Jelentés

Az alább felsorolt helyzetek közül melyek írhatók le a **settle down** kifejezéssel?

a get married
b travel a lot
c start living in one place
d have a lot of boyfriends or girlfriends
e start a family

Nyelvtan

2 A következő mondatok közül melyek a nyelvtanilag helyesek?

a I settled down.
b I settled myself down.
c I was settled down.

Gyakorlás

Mit mondana a következő helyzetekben? Válaszaiban használja a settle down kifejezést és egyéb szavakat, amelyek szükségesek!

a You want to know when your friend is going to stop living a crazy life.
  When _____ ?
b You are very surprised that Jim has decided to get married.
  Jim! I never thought _____ .
c Your brother is 35, doesn't have a regular job and goes out every night.
  Isn't it time _____ ?
d You are enjoying life as a college student, especially the parties.
  I don't want _____ .

Szókincsfejlesztés

További jelentések

■ A **settle down** azt is jelentheti, hogy „beilleszkedik", „alkalmazkodik, ill. hozzászokik egy új helyzethez":
▶ Julie's **settled down** well at her new school.
  Julie jól beilleszkedett az új iskolába.

■ A **settle down** azt is jelentheti, hogy „lehiggad":
▶ The children finally **settled down** and started to work quietly.
  A gyerekek végül is lehiggadtak, és elkezdtek nyugodtan dolgozni.

MEGOLDÁS → 118. old., **settle down** alatt.

78 slow down; slow somebody/something down

Példamondatok

▶ He realized he was driving too fast and began to **slow down**.
Érezte, hogy túl gyorsan hajt, ezért lassított.
▶ They claim they can **slow down** the ageing process.
Azt állítják, hogy le tudják lassítani az öregedés folyamatát.
▶ Can't you work any faster? You're **slowing** the whole class **down**!
Nem tudsz gyorsabban dolgozni? Az egész osztályt hátráltatod.
▶ Don't wait for me – I'm only **slowing** you **down**.
Ne várj rám! Én csak késleltetlek.
▶ The plant's growth **is slowed down** by lack of light.
A növény fejlődését lassítja a fény hiánya.
▶ In winter, work on the farm really **slows down**.
Télen a gazdaságban a munka nagyon lelassul.

Ellenőrzés

Használja a fenti példamondatokat a gyakorlat megoldásához!

Jelentés

1 Melyik a **slow down** ellentéte?

a go quickly
b go more quickly
c go slowly
d go more slowly

Nyelvtan

2 A következő mondatok közül melyek a nyelvtanilag helyesek?

a He slowed down.
b He slowed the car down.
c He slowed down the car.
d He slowed it down.
e He slowed down it.
f The car was slowed down.

Gyakorlás

3 Egészítse ki a mondatokat az alábbi szavak felhasználásával! Mindegyik szót csak egyszer használja!

| bus economy heat horse roadworks |

a The _____ slowed down as it approached the crossroads.
b The _____ in the afternoon always slowed us down.
c A recent report shows that the _____ has slowed down this year.
d The _____ are slowing the traffic down in the mornings.
e The _____ didn't slow down until it had thrown its rider off.

Szókincsfejlesztés

Származékszavak

FŐNÉV: a slowdown
(= (le)lassulás, lassítás)
▶ This year's figures show a considerable **slowdown**.
Az ezévi adatok jelentős lassulást mutatnak.

Szinonim kifejezések

■ Ugyanezt jelenti a **slow up** kifejezés is, de ezt ritkábban használják:
▶ The car **slowed up** as it drew level with the bank.
Az autó lassított, amikor a folyópartra ért.

Ellentétes jelentésű kifejezések

■ A **slow down** ellentéte **speed up**

MEGOLDÁS → 118. old., **slow down**; **slow sb/sth down** alatt.

79 **sort** something **out**

Példamondatok

- ▶ We have **sorted out** our problems and everything is fine now.
  A problémákat megoldottuk, most már minden rendben van.
- ▶ If the heating breaks down, an engineer will quickly **sort** things **out**.
  Ha újra elromlik a fűtőberendezés, egy szerelő gyorsan rendbe fogja hozni.
- ▶ There's a crisis at the office and they need me there to **sort** it **out**.
  Baj van a hivatalban, ott kell lennem, hogy elrendezzem a dolgokat.
- ▶ The system has broken down. It could take days for it to **be sorted out**.
  Elromlott a rendszer. Lehet, hogy napok kellenek a rendbetételéhez.

Ellenőrzés

Használja a fenti példamondatokat a gyakorlat megoldásához!

Jelentés

1 A következő szavak közül válassza ki azokat, amelyekkel kiegészítve a **sort something out** meghatározását kapjuk!

to _____

(*deal with/organize*)

a problem or situation in a

_____

(*satisfactory/tidy*) way

Nyelvtan

2 A következő mondatok közül melyek a nyelvtanilag helyesek?

- **a** We sorted our problems out.
- **b** We sorted out our problems.
- **c** We sorted them out.
- **d** We sorted out them.
- **e** Our problems were sorted out.

Gyakorlás

3 Írjon kérdéseket az alábbi válaszokhoz, használja a **sort something out** kifejezést és a felsorolt tárgyak valamelyikét!

> all the problems   the problem with the heating   your timetable

a _____ ?
No I didn't. It still doesn't work properly.

b _____ ?
Yes they have. Everything's fine now.

c _____ ?
Yes I did. I can go to the Italian classes now.

Szókincsfejlesztés

További jelentések

- ■ A **sort something out** azt is jelentheti, hogy valaki valamit rendbe rak, elrendez:
- ▶ We need to **sort out** these papers and file them away.
  Át kell néznünk ezeket az iratokat, és dossziékba rendezni.
- ■ Továbbá azt is jelentheti, hogy valaki elintéz, megszervez valamit:
- ▶ He still hasn't **sorted out** accommodation for our stay in Italy.
  Még mindig nem intézte el a szállást az olaszországi tartózkodásunkra.

MEGOLDÁS → 118. old., **sort sth out** alatt.

80 speak up

Példamondatok

- You'll have to **speak up**, I'm afraid. Mrs. Newton is rather deaf.
  Egy kicsit hangosabban kell beszélned. Mrs. Newton elég rosszul hall.
- **Speak up!** I can't hear a word you're saying!
  Beszélj hangosabban! Egy szót sem hallok abból, amit mondasz!
- Can you **speak up** a bit? People at the back of the room can't hear you.
  Tudnál egy kicsit hangosabban beszélni? A terem végén nem lehet hallani, amit mondasz.

Ellenőrzés

Használja a fenti példamondatokat a gyakorlat megoldásához!

Jelentés

1 Döntse el, hogy az alábbiak közül melyik felel meg leginkább a **speak up** jelentésének!

a to shout
b to speak faster
c to speak louder
d to repeat something because somebody didn't understand it

Nyelvtan

2 A következő mondatok közül melyek a nyelvtanilag helyesek?

a Speak up.
b She spoke up.
c She spoke it up.
d She was spoken up.

Gyakorlás

3 A következő szituációk közül melyikben használná a **Speak up!** kifejezést?

a while you are studying in a library
b at a rock concert
c when you're trying to get to sleep

4 Döntse el, hogy az alábbi szituációkban helyes–e a **Speak up!** kifejezést használni és válassza ki a helyes megoldást!

a *Speak up!/Don't speak so loudly!* Why are you whispering?
b *Speak up!/Start again!* You're not making any sense!
c *Speak up!/Don't speak so loudly!* You know I'm going deaf!
d *Speak up!/Speed up!* You're talking much too slowly!
e *Speak up!/Speak more quietly!* There's no need to shout!

Szókincsfejlesztés

További jelentések

- A **speak up** azt is jelentheti „felszólal vki/vmi mellett/érdekében":
- Several of the players **spoke up** for their manager and said he should not resign.
  A játékosok közül többen is felszólaltak a menedzserük mellett és kérték, hogy ne mondjon le.
- It's time to **speak up** about these terrible housing conditions.
  Itt az ideje, hogy felemeljük a szavunkat a szörnyű lakásviszonyok miatt.

MEGOLDÁS → 118. old., **speak up** alatt.

81 take after somebody

Példamondatok

- ▶ I **take after** my mother in looks, but people say I've got my father's character.
  Anyámra hasonlítok, de azt mondják, hogy a természetem apámé.
- ▶ He's very musical. He **takes after** his grandfather in that respect.
  Nagyon muzikális. Ebből a szempontból a nagyapjára ütött.
- ▶ Who do you **take after** – your mother or your father?
  Kire hasonlítasz, apádra vagy anyádra?
- ▶ Jack doesn't **take after** his father at all.
  Jack egyáltalán nem hasonlít az apjára.
- ▶ Your mother is very artistic. Do you **take after** her?
  Édesanyád igen fogékony a művészet iránt. Rá ütöttél?

Ellenőrzés

Használja a fenti példamondatokat a gyakorlat megoldásához!

Jelentés

1 A következő felsorolásból melyek lehetnek a **take after** tárgyai?

a your son
b your father
c your younger sister
d your grandmother
e your aunt
f your friend

Nyelvtan

2 A következő mondatok közül melyek a nyelvtanilag helyesek?

a He takes his mother after.
b He takes after his mother.
c He takes her after.
d He takes after her.
e He is taken after.

Gyakorlás

3 Alkosson a következő fél mondatokból egy-egy teljes mondatot!

a I take after my mother
b I don't think I take after
c I am told I take after my father
d My father and I both love climbing
e I must take after my grandfather

i as we are both very impatient.
ii because I've got green eyes like her.
iii but I don't think we're similar.
iv my mother or my father.
v so I take after him in that respect.

4 Who do **you** take after?

Írjon néhány mondatot magáról a **take after** kifejezéssel!
Példaként használja az előző feladat mondatait!

MEGOLDÁS → 118. old., **take after sb** alatt.

82 take off

Ellenőrzés

Használja a fenti példamondatokat a gyakorlat megoldásához!

Jelentés

1 A következő szavak közül válasszon ki
kettőt, amelyekkel kiegészítve a **take off**
meghatározását kapjuk!

> touch   fly   leave   move

to _____ the ground and begin to
_____

2 A következő főnevek közül melyik lehet a **take off** alanya?

a an aircraft   **b** a ball   **c** a bird   **d** a train   **e** a bomb

Nyelvtan

3 A következő mondatok
közül melyek a nyelvtanilag
helyesek?

a The plane took off.
b We took off.
c We took off the plane.
d The plane took off the
ground.

Gyakorlás

4 Alkosson a következő fél mondatokból egy-egy teljes mondatot!

a In the end we	**i** take off at all.
b It was 10 p.m.	**ii** took off on time.
c Apparently the flight didn't	**iii** taking off.
d We were a bit late	**iv** when we finally took off.

5 Magyarázza meg a barátjának, miért érkezett késve Párizsba!

_____.

Szókincsfejlesztés

Származékszavak

FŐNÉV: **take-off** (= *felszállás*)
[Ez a főnév használható megszámlálható
és megszámlálhatatlan főnévként is.]

- ▶ I hate flying, but fortunately it was
  a smooth **take-off**.
  *Utálok repülni, de szerencsére szépen,
  simán szálltunk fel.*
- ▶ We are now ready for **take-off**.
  Rövidesen felszállunk.

Ellentétes jelentésű kifejezések

- ■ A **take off** ellentéte **land**:
- ▶ It was raining when we **took off**, but
  sunny when we **landed** in Paris.
  *Esett az eső, amikor felszálltunk, de amikor
  Párizsban leszálltunk, sütött a nap.*

MEGOLDÁS → 118. old., **take off** alatt.

83 take something off

Példamondatok

- ▶ Why don't you **take** your coat **off**?
  Miért nem veted le a kabátodat?
- ▶ Do you mind if I **take off** my shoes?
  Nem zavar, ha leveszem a cipőmet?
- ▶ She loved her new scarf so much that she refused to **take** it **off** at bedtime.
  Annyire ragaszkodott az új sáljához, hogy még lefekvéskor sem akarta levenni.
- ▶ All jewellery must **be taken off** when doing sports.
  Sportolás közben minden ékszert le kell venni.

Ellenőrzés

Használja a fenti példamondatokat a gyakorlat megoldásához!

Jelentés

Az alábbiak közül melyik áll a legközelebb
a **take something off** kifejezés jelentéséhez?

a to remove something   c to wear something
b to collect something   d to leave something

A következő főnevek közül melyek <u>nem</u> lehetnek
a **take off** tárgyai?

a gloves   c sunglasses
b necklace   d contact lenses

Nyelvtan

3 A következő mondatok
közül melyek a nyelvtanilag
helyesek?

a He took his tie off.
b He took off his tie.
c He took it off.
d He took off it.
e His tie was taken off.

Gyakorlás

Válaszoljon a következő kérdésekre, használja a **take
something off** kifejezés megfelelő alakját és a zárójelben
lévő, valamint az egyéb szükséges szavakat! Az első mondat
megoldását megadtuk.

a Do you need some help?
Yes, please. I _____ (*my boots*).
Yes, please. I'm trying to take my boots off.

b It's so hot in here!
Why _____ (*your sweater*)?

c Why aren't you wearing your ring?
I always _____ (*wash my hands*).

d Is the office warm enough for you?
No. That's why I _____ (*my coat*).

Szókincsfejlesztés

Ellentétes jelentésű kifejezések

■ A **take something off** ellentéte **put something on**:
▶ Anna stopped at the door, **took off** her shoes and **put on** her slippers.
  Anna megállt az ajtónál, levette a cipőjét, és felvette a papucsát.

MEGOLDÁS → 118. old., **take sth off** alatt.

84 take up something

Ellenőrzés

Használja a fenti példamondatokat a gyakorlat megoldásához!

Jelentés

1 A következő szavak közül válasszon ki egyet, és egészítse ki vele a **take something up** definícióját!

> arrange   be   fill   organize

to _____ a particular amount of space or time

Nyelvtan

2 A következő mondatok közül melyek a nyelvtanilag helyesek?

a The table takes up a lot of room.
b The table takes a lot of room up.
c A lot of room is taken up by the table.

Gyakorlás

3 Egészítse ki az alábbi mondatokat a **take up** megfelelő igeidejű, állító vagy tagadó alakjával!

a This sleeping bag rolls up really small so it _____ much space in my rucksack.
b I wish you didn't have to work so much. It _____ too much of your time.
c I'm sure he won't mind helping you, as long as you_____ too much of his time.
d He found that most of his time _____ with looking after the children.
e Once we folded the chairs up, they hardly_____ any room.

4 A következő mondatok közül az egyikben a **take up** használata helytelen. Melyik az a mondat? Keresse meg és javítsa ki a hibát!

a The annual report takes up nearly thirty pages.
b The new flat screen monitors are very popular as they take up so little space.
c The main problem with this software is that it takes up too much disk space.
d What space there was had been took up by two long tables.

MEGOLDÁS → 119. old., **take up sth** alatt.

85 take something up

Példamondatok

- ▶ I didn't know you'd **taken up** cookery!
  Nem is tudtam, hogy elkezdtél főzéssel foglalkozni!
- ▶ He's **taken up** jogging in order to lose weight.
  Elkezdett kocogni, hogy lefogyjon.
- ▶ She **took up** languages and now speaks Chinese quite well.
  Nyelvtanulással kezdett foglalkozni, és már egész jól beszél kínaiul.
- ▶ I used to do a bit of writing and I'd like to **take** it **up** again.
  Régebben írogattam egy kicsit és szeretném újra folytatni.

Ellenőrzés

Használja a fenti példamondatokat a gyakorlat megoldásához!

Jelentés

A következő szavak közül válasszon ki hármat és egészítse ki velük a **take up something** definícióját!

activity	pleasure	start	work

to _____ to do a new _____,
especially for _____

Nyelvtan

2 A következő mondatok közül melyek a nyelvtanilag helyesek?

- a She took up sailing.
- b She took it up.
- c She took up it.
- d Sailing was taken up.

Gyakorlás

3 Egészítse ki a következő mondatokat a **take up** megfelelő alakjával és a felsoroltak közül az egyik tárggyal!

aerobics	different instruments	it	one	smoking

- a Nigel recently _____ at the local sports centre.
- b He advises parents and children on the dangers of _____.
- c Rather than all of us playing the flute, I think we should _____.
- d I had never been fishing before, but I have now _____ and am enjoying it.
- e I never had the time for a hobby, even if I had wanted to _____.

4 A következő mondatok közül némelyik hibás. Keresse meg és javítsa ki a hibákat!

- a She decided to take up walk in order to keep fit.
- b I believe she took up the violin at the age of 4.
- c I was no good at rugby so I take up rowing.
- d There are lots of hobbies you can take them up.

Szókincsfejlesztés

Ellentétes jelentésű kifejezések

- ■ Lásd még a következő ellentétes jelentésű kifejezést:
  give up, give up something.

MEGOLDÁS → 119. old., **take sth up** alatt.

86 tell somebody off

Példamondatok

- ▶ If anyone **tells** Sonia **off**, she goes and hides in her room.
  Ha bárki megszidja Soniát, bemegy a szobájába, és ki se jön onnan.
- ▶ The manager **tells** you **off** if you arrive late.
  Leszid az igazgató, ha későn érkezel.
- ▶ Dad often **told** us **off** about watching too much TV.
  Apu gyakran letolt minket, mert túl sokat néztük a tévét.
- ▶ Jack's always **getting told off** at school for talking in class.
  Jack folyton kikap az iskolában, mert óra alatt beszélget.

Ellenőrzés

Használja a fenti példamondatokat a gyakorlat megoldásához!

Jelentés

1 Döntse el, hogy az alábbiak közül melyik felel meg leginkább a **tell somebody off** jelentésének!

- **a** to speak angrily to somebody because they have done something wrong
- **b** to ask somebody to go away because you are angry with them

Nyelvtan

2 A következő mondatok közül melyek a nyelvtanilag helyesek?

- **a** She told Jane off.
- **b** She told off Jane.
- **c** She told her off.
- **d** She told off her.
- **e** Jane was told off.

Gyakorlás

3 Egészítse ki a következő mondatokat a **tell somebody off** megfelelő alakjával és a felsoroltak közül az egyik tárggyal!

> everyone   me   you   the children

- **a** If she sees you leaving early, she
  _____ .
- **b** Why are you always _____
  _____ ?
  I don't deserve it!
- **c** She _____
  because they didn't put their toys away.
- **d** The teacher suddenly got really angry
  and _____ !

4 What do/did your parents or teachers tell <u>you</u> off for?

Olvassa el az alábbi példamondatokat, és írjon hasonló mondatokat saját magáról! Használja a **tell somebody off** megfelelő alakját!

- **a** My mother tells me off *for not tidying my room.*
- **b** The teacher told us off *if we didn't do our homework.*
  _____
  _____
  _____
  _____

Szókincsfejlesztés

Származékszavak

FŐNÉV: **a telling-off** (= *letolás*)

- ▶ Be careful! You've already had one **telling-off** from Dad today, you don't want another!
  Ma már egyszer kikaptál aputól, ha nem vigyázol, mindjárt megint kikapsz!

MEGOLDÁS → 119. old., **tell sb off** alatt.

87 throw something away

Példamondatok

- ► She **threw** the letter **away** without reading it.
  Eldobta a levelet, anélkül, hogy elolvasta volna.
- ► Every year the average family **throws away** two tonnes of waste.
  Egy átlagos család évente két tonna hulladékot termel.
- ► Our old computer's completely useless now. We'll have to **throw** it **away**.
  A régi számítógépünk már teljesen használhatatlan. Ki kell dobni.
- ► All the fruit had gone bad and had to **be thrown away**.
  Az összes gyümölcs megromlott és ki kellett dobni.

Ellenőrzés

Használja a fenti példamondatokat a gyakorlat megoldásához!

Jelentés

Válassza ki azt a kifejezést, amely legközelebb áll a **throw something away** jelentéséhez!

a to put sth in a safe place because it is very important

b to put sth in a rubbish bin because you do not want it

c to put sth somewhere quickly to look at later

Nyelvtan

2 A következő mondatok közül melyek a nyelvtanilag helyesek?

a She threw the jacket away.

b She threw away the jacket.

c She threw it away.

d She threw away it.

e The jacket was thrown away.

Gyakorlás

Válaszoljon a következő mondatokra, használja a **throw something away** megfelelő alakját. Az első mondatra a választ megadtuk.

a This pen doesn't work any more.
Throw it away then.

b These boots are falling apart. I can't wear them any more.
_____.

c Do you want to keep yesterday's newspaper?
I'm going to recycle it, so don't _____.

d What shall I do with this old shirt and tie?
You can keep the shirt, but _____.

Szókincsfejlesztés

Származékszavak

MELLÉKNÉV: **throwaway** (= *eldobható*)
[Csak főnév előtt használjuk.]
- ► a throwaway razor
  eldobható borotva

Szinonim kifejezések

- ■ A **throw something out** jelentése ugyanaz:
- ► There's too much junk in here. Can't we **throw** some of it **out**?
  Túl sok itt a limlom. Nem dobhatnánk ki egy részét?

MEGOLDÁS → 119. old., **throw sth away** alatt.

88 turn somebody/something down

Példamondatok

▶ Why did you **turn down** the invitation to Kate and Joe's wedding?
Miért utasítottad vissza Kate és Joe esküvői meghívását?

▶ I can't believe he **turned** the company's offer **down** flat.
Nem tudom elhinni, hogy csak úgy visszautasította a cég ajánlatát.

▶ She keeps inviting me to visit her in Scotland but I always **turn** her **down**.
Állandóan meghív magához Skóciába, de én mindig visszautasítom.

▶ Their proposals have **been turned down** because they will cost too much.
Javaslataikat nem fogadták el, mert túl sokba kerülnek.

▶ I've just **been turned down** for another job.
Ismét elutasították egy álláspályázatomat.

Ellenőrzés

Használja a fenti példamondatokat a gyakorlat megoldásához!

Jelentés

1 Döntse el, hogy melyik definíció áll legközelebb a **turn somebody/ something down** pontos jelentéséhez!

a to reject or refuse somebody or something

b to remove or destroy somebody or something

2 A következő felsorolásból melyek lehetnek a **turn down** tárgyai?

a an invitation   c a party   e a wedding
b an offer   d a job   f a proposal

Nyelvtan

3 A következő mondatok közül melyek a nyelvtanilag helyesek?

a She turned the invitation down.
b She turned down the invitation.
c She turned it down.
d She turned down him.
e The invitation was turned down.
f She was turned down.

Gyakorlás

4 Egészítse ki a következő mondatokat a **turn somebody/ something down** megfelelő alakjával és a felsoroltak közül az egyik tárggyal!

> the band   the plans   the chance   him   a place

a Every record company had _____ so they produced the album themselves.

b They were very disappointed when the Council _____ for a larger school.

c Early in his career he _____ of playing the title role in a Hollywood movie.

d Sadly, he had to _____ on a graduate course when his mother fell ill.

e She thought he was so attractive that she couldn't imagine any woman _____ .

MEGOLDÁS → 119. old., **turn sb/sth down** alatt.

89 turn something **down**

Példamondatok

- I put the radio on loud, but Dad shouted to me to **turn** the volume **down**.
  Hangosra állítottam a rádiót, de apám odakiabált, hogy tegyem halkabbra.
- He **turned down** the sound on the TV set but left the picture on the screen.
  Levette a hangot, de meghagyta a képet a tévé képernyőjén.
- If the music's too loud for you, why didn't you ask me to **turn** it **down**?
  Ha túl hangos neked a zene, miért nem szóltál, hogy halkítsam le?
- Victor asked for the lights to **be turned down** low while he sang.
  Viktor megkérte, hogy tompítsák le a fényeket, amíg énekel.

Ellenőrzés

Használja a fenti példamondatokat a gyakorlat megoldásához!

Jelentés

Egészítse ki a következő definíciót az alábbi szavakkal!

reduce	equipment	noise	controls

to adjust the _____ on a piece of
_____ in order to
_____ the amount of heat,
_____ or light that is produced

Nyelvtan

2 A következő mondatok közül melyek a nyelvtanilag helyesek?

a He turned down.
b He turned the volume down.
c He turned down the volume.
d He turned it down.
e The volume was turned down.

Gyakorlás

Egészítse ki a következő mondatokat a **turn something down** megfelelő alakjával!

a I can't hear myself think in here! _____.
b It's very hot in here. Do you mind if _____?
c The television was still on, but the sound _____.
d She didn't want the sauce to boil so she _____.
e He wanted a romantic atmosphere so he put on some music and
_____.

Szókincsfejlesztés

Ellentétes jelentésű kifejezések

- A **turn something down** ellentéte **turn something up**:
- Every time I **turn** the TV **up** so that I can hear it better,
  he says it's too loud and **turns** it **down** again.
  *Valahányszor hangosabbra állítom a tévét,
  mert nem hallom elég jól, azt mondja túl
  hangos, és ismét lehalkítja.*

MEGOLDÁS → 119. old., **turn sth down** alatt.

90 turn something off

Példamondatok

▶ Can you **turn** the lights **off**? The switch is by the door.
Oltsd el a villanyt, légy szíves. A kapcsoló az ajtó mellett van.
▶ Somebody forgot to **turn off** the tap in the bathroom.
Valaki elfelejtette elzárni a csapot a fürdőszobában.
▶ You've been watching TV all day! **Turn** it **off** now.
Egész nap ott ülsz a tévé előtt! Most már kapcsold ki!
▶ The TV was on, but the sound had **been turned off**.
A tévé be volt kapcsolva, de levették a hangot.

Ellenőrzés

Használja a fenti példamondatokat a gyakorlat megoldásához!

Jelentés

1 Egészítse ki a **turn something off** jelentését az alábbi szavakkal!

electricity	button	stop	tap	switch

to _____ the flow of _____,
gas or water by moving a _____,
pressing a _____ or turning a _____ .

Nyelvtan

2 A következő mondatok közül melyek a nyelvtanilag helyesek?
a He turned the TV off.
b He turned off the TV.
c He turned it off.
d He turned off it.
e The TV was turned off.

Gyakorlás

3 Válaszoljon az alábbiakra! Használja a **turn off** megfelelő alakját és egy tárgyat (főnevet vagy névmást)!
a This TV programme is terrible!
I agree. Let's _____.
b Have you finished with the computer?
No, don't _____.
c The water is still running!
Sorry. I forgot _____.

4 A következő mondatok közül melyikre válaszolhatja „*Turn it off*"?
a It's the middle of summer and the heating's on!
b I've seen this programme before.
c I can't hear what the newsreader is saying.

Szókincsfejlesztés

Ellentétes jelentésű kifejezések

■ Lásd még a következő ellentétes jelentésű kifejezést: **turn something on**.

Hasonló jelentésű kifejezések

■ Lásd még a következő hasonló jelentésű kifejezést: **turn something down**.

MEGOLDÁS → 119. old., **turn sth off** alatt.

91 turn something on

Ellenőrzés

Használja a fenti példamondatokat a gyakorlat megoldásához!

Jelentés

1 Egészítse ki a **turn something on** jelentését, használja a következő szavakat!

electricity	tap	button	start	switch

to _____ the flow of _____ , gas or water by moving a _____ , pressing a _____ , or turning a _____

Nyelvtan

2 A következő mondatok közül melyek a nyelvtanilag helyesek?

- a He turned the radio on.
- b He turned on the radio.
- c He turned it on.
- d He turned on it.
- e The radio was turned on.

Gyakorlás

Egészítse ki a következő mondatokat a **turn on** megfelelő alakjával és egy tárggyal (főnévvel vagy névmással)!

- a It's quite cold in here, isn't it? We _____ .
- b My computer's broken. It crashes every time I _____ .
- c She was bored, driving down the motorway on her own, so she _____ .

Javítsa ki az esetleges hibákat a következő mondatokban!

- a I forgot to turn the answer machine when I left the house this morning.
- b If you want a hot bath later, you'll have to turning the hot water on now.
- c How can you read in this light? Let me turn on the big light on for you.
- d To turn the power back on, press the standby button.

Szókincsfejlesztés

Ellentétes jelentésű kifejezések

- ■ Lásd még a következő ellentétes jelentésű kifejezést: **turn something off**.

Hasonló jelentésű kifejezések

- ■ Lásd még a következő hasonló jelentésű kifejezést: **turn something up**, **turn something down**.

MEGOLDÁS → 119. old., **turn sth on** alatt.

92 turn over; turn somebody/something over

Példamondatok

- ▶ He **turned over** and went back to sleep.
  A másik oldalára fordult, és újra elaludt.
- ▶ The car skidded on the ice and **turned over**.
  Az autó megcsúszott a jégen, és felfordult.
- ▶ She **turned** the book **over** and read the notes on the back cover.
  Megfordította a könyvet, és elolvasta a hátsó borító szövegét.
- ▶ This animal uses its nose to **turn over** stones when it is looking for food.
  Ez az állat az orrával fordítja meg a köveket, amikor élelmet keres.
- ▶ Cook the steak for a few minutes, then **turn it over** to cook the other side.
  Süsd a rostélyost néhány percig, azután fordítsd meg, és süsd meg a másik oldalát!
- ▶ Can you match one of your cards to the one that has **been turned over**?
  Van olyan lapod, ami illik arra a felfordított lapra?

Ellenőrzés

Használja a fenti példamondatokat a gyakorlat megoldásához!

Jelentés

1 A **turn over** és a **turn somebody/
something over** jelentése „megfordul"
vagy „megfordít". Hogyan? Válassza
ki az **egyetlen** helyes meghatározást!

- **a** so that the other side is facing outwards
  or upwards
- **b** so that the top is facing downwards
- **c** so that the inside is facing outwards

Nyelvtan

2 A következő mondatok közül melyek
a nyelvtanilag helyesek?

- **a** He turned over.
- **b** He turned the book over.
- **c** He turned over the book.
- **d** He turned it over.
- **e** He turned over it.
- **f** The book was turned over.

Gyakorlás

3 Mire vonatkozik az **it** a következő mondatokban?
Mindegyik tárgyat csak egyszer használja!

> a question paper   a postcard   a card   a hand

- **a** Take one from anywhere in the pack and turn it over.
- **b** Despite all the revision, his mind went blank as soon
  as he turned it over.
- **c** He turned it over and looked at the lines on her palm.
- **d** She looked at the picture, then turned it over to see the postmark.

4 Egészítse ki a következő mondatokat a **turn over**
megfelelő alakjával és, ahol szükséges, egy tárggyal!

- **a** He _____ , trying to find a more comfortable position.
- **b** She picked up the coin and examined it carefully, _____ in her hands.
- **c** Shall I _____ and cook the other side now?

MEGOLDÁS → 119. old., **turn over**; **turn sb/sth over** alatt.

93 turn up

Példamondatok

- ▸ He **turned up** late, as usual.
  Későn érkezett, szokása szerint.
- ▸ The taxi didn't **turn up** so we had to walk.
  A taxi nem érkezett meg, ezért gyalog kellett mennünk.
- ▸ By the time I **turned up** at the party, most people had already left.
  Mire odaérkeztem a buliba, a legtöbben már elmentek.
- ▸ Around 5,000 people **turned up** to celebrate the start of the new year.
  Mintegy ötezer ember jött el az újévet köszönteni.
- ▸ You don't need to book a place on the course – just **turn up**.
  Nem kell előre lefoglalnod a helyedet a tanfolyamon, egyszerűen csak oda kell menned.

Ellenőrzés

Használja a fenti példamondatokat a gyakorlat megoldásához!

Jelentés

A következő igék közül melyeknek a jelentése áll közel a **turn up** jelentéséhez?

a to leave   c to appear
b to arrive   d to go

Nyelvtan

2 A következő mondatok közül melyek a nyelvtanilag helyesek?

a He turned up.
b He turned up the party.
c He was turned up.

Gyakorlás

3 You arranged to meet somebody, but did he turn up?

Döntse el, hogy egy-egy adott esetben az illető megérkezett-e vagy sem!

a He eventually arrived.
b I had to go on my own.
c I was so glad to see him.
d He's always so late!
e He brought a friend with him.

4 Egészítse ki a következő mondatokat a **turn up** megfelelő alakjával és a még szükséges szavakkal!

a I'm glad Maria came to the party. What time
_____?

b I was hoping John would come, but
_____.

c I don't think James will be there on time. He always
_____.

d I'm sorry I'm so late. The bus
_____.

Szókincsfejlesztés

Szinonim kifejezések

- ■ A **show up** kifejezés ugyanazt jelenti, mint a **turn up**, ugyanúgy használják, de még bizalmasabb:
- ▸ Did Mark **show up** at the restaurant last night?
  Mark végül is megérkezett tegnap a vendéglőbe?

MEGOLDÁS → 119. old., **turn up** alatt.

94 turn something up

Példamondatok

► You'll have to **turn** the volume **up** – she's a bit deaf.
   Fel kell hangosítanod, ő egy kicsit rosszul hall.
► I closed the window and **turned up** the heating.
   Becsuktam az ablakot, és feljebb csavartam a fűtést.
► I can't hear the radio. Can you **turn** it **up**?
   Nem hallom a rádiót. Fel tudnád hangosítani?
► The television **was turned up** so loud that she couldn't hear him shouting.
   A tévé úgy bömbölt, hogy nem hallotta meg a kiáltozását.

Ellenőrzés

Használja a fenti példamondatokat a gyakorlat megoldásához!

Jelentés

1 Egészítse ki a **turn something up** meghatározását az alábbi szavakkal!

> increase   equipment   noise   controls

to adjust the _____ on a piece of _____ in order to _____
the amount of heat, _____ or
power that is produced

Nyelvtan

2 A következő mondatok közül melyek a nyelvtanilag helyesek?

a I turned up.
b I turned the radio up.
c I turned up the radio.
d I turned it up.
e I turned up it.
f The radio was turned up.

Gyakorlás

3 Mire vonatkozik az **it** az alábbi mondatokban?
Válaszában használja az alábbi szavakat, de mindegyiket csak egyszer!

> the music   the gas   the television   the radio

a She turned it up and everybody started dancing.
b He always turns it up loud when his favourite programmes are on.
c If we turn it up any higher, we'll burn the rice.
d Don't turn it up – I only want to watch the pictures.

4 Egészítse ki a következő mondatokat a **turn something up**
megfelelő alakjával és egy tárggyal!

a We can't hear the music. _____!
b It's very cold in here. Do you mind if _____?
c She wanted the chicken to cook quickly, so she _____.

Szókincsfejlesztés

Ellentétes jelentésű kifejezések

■ A **turn something up** ellentéte **turn something down**:
► I was hot so I **turned** the heating **down**, but he said he was cold and **turned** it **up**.
   *Annyira melegem volt, hogy lejjebb csavartam a fűtést,
   de ő azt mondta, hogy fázik, és felcsavarta.*

MEGOLDÁS → 120. old., **turn sth up** alatt.

95 wake up; wake somebody up

Példamondatok

- ▶ He's always in a bad mood when he **wakes up**.
  Ébredéskor mindig rossz a kedve.
- ▶ Please try not to **wake** the baby **up**. I've only just got him to sleep.
  Kérlek ne ébreszd fel a kisbabát. Épp most altattam el.
- ▶ Sh! You'll **wake up** the whole family if you don't keep quiet.
  Pszt! Felébresztted az egész családot, ha nem maradsz csendben.
- ▶ Will you **wake** me **up** at 7 o'clock tomorrow, please?
  Kérlek kelts fel reggel 7 órakor.
- ▶ We **were woken up** by the sound of breaking glass.
  Csörömpölésre ébredtünk fel.

Ellenőrzés

Használja a fenti példamondatokat a gyakorlat megoldásához!

Jelentés

Mi a **wake up** ellentéte?
Válasszon ki egyet az
alábbiak közül!

a get out of bed
b lie down
c go to sleep

Nyelvtan

2 A következő mondatok közül
melyek a nyelvtanilag helyesek?

a She woke up.
b She woke her father up.
c She woke up her father.
d She woke him up.
e She woke up him.
f He was woken up.

Gyakorlás

Válaszoljon a következő kérdésekre, használja
a **wake up/wake somebody up** megfelelő alakját!

a Did you sleep well last night?
No, I _____ .

b Is Dad still in bed?
Yes. Don't _____ .

A következő mondatok közül némelyik hibás.
Keresse meg és javítsa ki a hibákat!

a It's 8 o'clock. Shall I wake Sarah up now?
b Why do you always wake up me when you come home? Can't you be quieter?
c She was waked up three times during the night by the noise outside.

Szókincsfejlesztés

Származékszavak

MELLÉKNÉV: **wake-up** (= *ébresztő*)
[Csak főnév előtt használatos.]
■ A **wake-up call** telefonébresztést jelent.

MEGOLDÁS → 120. old., **wake up**; **wake sb up** alatt.

96 wear out; wear something out

Példamondatok

- ▶ They are trying to design tyres that do not **wear out**.
  Olyan autógumikat próbálnak kifejleszteni, amelyek nem kopnak el.
- ▶ He **wore out** two pairs of boots during one winter.
  A tél folyamán két pár csizmát hordott el.
- ▶ Stop pacing up and down. You'll **wear** the carpet **out**!
  Hagyd abba ezt a fel-alá járkálást. Teljesen elkoptatod a szőnyeget!
- ▶ She rarely wore the shoes because she didn't want to **wear** them **out**.
  Ritkán vette fel cipőjét, nem akarta elkoptatni.
- ▶ The sofa had **been** completely **worn out** by so many children playing on it.
  Sok gyerek játszott ezen a kanapén, ezért kopott el teljesen.

Ellenőrzés

Használja a fenti példamondatokat a gyakorlat megoldásához!

Jelentés

1 Az alábbi mondatok közül melyek mondhatók valamire, ami a **worn out** kifejezéssel is jellemezhető? Több helyes válasz is lehetséges.

- a it can no longer be used
- b it is damaged
- c it is old-fashioned
- d it has been used too much

Nyelvtan

2 A következő mondatok közül melyek a nyelvtanilag helyesek?

- a His shoes wore out.
- b He wore his shoes out.
- c He wore out his shoes.
- d He wore them out.
- e He wore out them.
- f His shoes had been worn out.

Gyakorlás

3 Egészítse ki a következő mondatokat a **wear out** megfelelő alakjával és, ahol szükséges, egy tárggyal!

- a She takes good care of her clothes. They never seem to _____ .
- b If you play that videotape too much you _____ .
- c My son usually grows out of his shoes before _____ .
- d She made her jeans into a pair of shorts when the knees _____ .

4 A következő mondatok közül némelyik hibás. Keresse meg és javítsa ki a hibákat!

- a She needed a new pair of shoes because the ones she had were wore out.
- b Even expensive trainers wear them out and have to be replaced.
- c He walks a lot and says he wears out two pairs of shoes out a year.

Szókincsfejlesztés

Származékszavak

MELLÉKNÉV: **worn out** (= kopott, elhasználódott)
- ▶ These trousers are **worn out**. I need some new ones.
  Ez a nadrág teljesen elkopott. Új nadrágra van szükségem
- ▶ He was wearing a pair of old **worn-out** trainers.
  Kopott edzőcipő volt rajta.

MEGOLDÁS → 120. old., **wear out**; **wear sth out** alatt.

97 wear somebody/yourself **out**

Példamondatok

- ► She **wore** her parents **out** by refusing to go to bed every night.
  Teljesen kimerítette a szüleit azzal, hogy este soha nem akart lefeküdni.
- ► The kids have **worn** me **out**.
  Nagyon kifárasztottak a gyerekek.
- ► You'll **wear** yourself **out** if you carry on working so hard.
  Teljesen ki fogsz merülni, ha továbbra is ilyen keményen dolgozol.

Ellenőrzés

Használja a fenti példamondatokat a gyakorlat megoldásához!

Jelentés

Hogy érzi magát az, akinek azt mondjuk **you look worn out**? Az alábbiak közül válasszon ki egyet!

a very bored
b very ill
c very old
d very tired

Nyelvtan

2 A következő mondatok közül melyek a nyelvtanilag helyesek?

a She wore out.
b She wore her parents out.
c She wore out her parents.
d She wore them out.
e She wore out them.
f She wore herself out.

Gyakorlás

3 Egészítse ki a következő mondatokat a **wear out** megfelelő alakjával és a felsoroltak közül az egyik tárggyal!

| him   himself   me   you   yourself |

a If you ask me, he works too hard. He'll _____ .
b Can we go home now? All that shopping _____ .
c You look tired. Did the journey _____ ?
d Why don't you go home and rest? There's no point _____ .
e He's in bed already. I think the kids _____ .

4 Egészítse ki a következő mondatot a **wear out** megfelelő alakjával!

I'm not going out tonight. I _____ !

Szókincsfejlesztés

Származékszavak

MELLÉKNÉV: **worn out** (= *kimerült*)
[Ez a melléknév általában nem áll főnév előtt.]

- ► Come and sit down. You look **worn out**!
  Gyere, ülj le! Kimerültnek látszol.
- ► I went home feeling **worn out** after the conference.
  A konferencia után teljesen kimerülten mentem haza.

MEGOLDÁS → 120. old., **wear sb/yourself out** alatt.

98 work out

Példamondatok

- ► My mother is living with us now, which is **working out** well.
  Az édesanyám most nálunk lakik, és ez nagyon jól bevált.
- ► I do hope things **work out** for him. He deserves to be happy.
  Nagyon remélem, hogy jól alakulnak a dolgai. Megérdemli, hogy boldog legyen.
- ► Unfortunately, their marriage didn't **work out** and they got divorced last year.
  Sajnos a házasságuk nem sikerült, és tavaly elváltak.
- ► My trip to London didn't **work out** the way I'd planned.
  A londoni tartózkodásom nem úgy alakult, ahogy terveztem.

Ellenőrzés

Használja a fenti példamondatokat a gyakorlat megoldásához!

Jelentés

1 A következő szavak közül válasszon ki hármat, amelyekkel kiegészítve a **work out** meghatározását kapjuk!

successful	way	happen	become

to _____ or develop in a particular
_____, especially in a _____ way

Nyelvtan

2 A következő mondatok közül melyek a nyelvtanilag helyesek?
- **a** Things worked out.
- **b** We worked out things.
- **c** Things worked themselves out.

Gyakorlás

3 A következő mondatok közül kettőben a **work out** használata helytelen. Melyik az a két mondat? Keresse meg és javítsa ki a hibákat!

- **a** Laura and Pete were married for five years, but they didn't work out.
- **b** I knew I could always go back home if it didn't work out at the new flat.
- **c** Will you call me and let me know how things work out?
- **d** We needn't have worried. Everything didn't work out really well.

4 Válaszoljon a következő mondatokra kétféleképpen, az egyik válasz legyen bizakodó, a másik borúlátó. Mindkét válaszban használja a **work out** kifejezést!

How is Liz getting on in her new job?

a _____
_____

b _____
_____

Szókincsfejlesztés

További jelentések

- ■ A **work out** azt is jelenti, hogy valaki testgyakorlással edzi magát:
- ► I try to **work out** in the gym three times a week.
  Igyekszem háromszor egy héten lemenni a tornaterembe és edzeni.
- ► You look well. Have you been **working out**?
  Jól nézel ki! Rendszeresen tornászol?
- ■ Gyakran használt főnév a **workout**, jelentése „testedzés":
- ► I did a two-hour **workout** in the gym.
  Két órát edzettem a tornateremben.

MEGOLDÁS → 120. old., **work out** alatt

99 work something out

Példamondatok

- ▶ We need to **work out** the total cost of the project before we agree to it.
  Pontosan ki kell számítanunk a tervezet teljes költségét, mielőtt igent mondunk rá.
- ▶ It took him two days to **work** the code **out**.
  Két napig tartott, amíg megfejtette a kódot.
- ▶ Don't tell me the answer. I want to **work** it **out** for myself.
  Ne mondd meg a választ! Én magam akarom kiszámítani.
- ▶ Any reductions will **be worked out** before you receive your bill.
  Minden engedményt ki fogunk számítani, mielőtt megkapja a számlát.

Ellenőrzés

Használja a fenti példamondatokat a gyakorlat megoldásához!

Jelentés

Az alábbi meghatározások közül melyiknek a jelentése azonos a **work out the total** kifejezés jelentésével?

a to decide on the total
b to calculate the total

A **work out** kifejezést akkor is használhatjuk, ha valaki megtalálja a választ egy nehéz kérdésre vagy bonyolult problémára. Az alábbiak közül melyikkel kapcsolatban használható a **work out** kifejezés?

a the rules of a game
b the news
c how to operate the washing machine

Nyelvtan

3 A következő mondatok közül melyek a nyelvtanilag helyesek?

a He worked the amount out.
b He worked out the amount.
c He worked it out.
d He worked out it.
e The amount was worked out.

Gyakorlás

A következő mondatok közül némelyik hibás. Keresse meg és javítsa ki a hibákat!

a It took me a long time to work out the grammar of phrasal verbs out.
b I am very bad at working sums out in my head. I have to write them down.
c I think it's fun to working out mathematical problems and other puzzles.

Meg tudja válaszolni a következő találós kérdéseket?

a How many times does the number 3 appear between 1 and 50?
b What gets wetter as it dries?

Szókincsfejlesztés

Szinonim kifejezések

- ■ A **figure out** és a **work out** jelentése és használata megegyezik:
- ▶ I can't **figure out** what's gone wrong.
  Nem tudok rájönni, hogy mi a baj.

MEGOLDÁS → 120. old., **work sth out** alatt.

100 write something down

Példamondatok

- ▶ **Write down** the answers to these questions.
  Írja le a válaszokat ezekre a kérdésekre!
- ▶ They told me to **write down** everything the woman had said to me.
  Azt mondták, hogy írjak le mindent, amit a nő mondott nekem.
- ▶ Before I began my story, I **wrote** all my ideas **down**.
  Mielőtt elkezdtem a történetemet, minden ötletemet feljegyeztem.
- ▶ She told him the address and he **wrote** it **down** in his notebook.
  Megmondta neki a címét, ő pedig beírta a noteszébe.
- ▶ Information was passed on by word of mouth and **was** never **written down**.
  A hír szájról szájra járt, és soha senki nem írta le.

Ellenőrzés

Használja a fenti példamondatokat a gyakorlat megoldásához!

Jelentés

1 A következő zárójelbe tett kifejezések közül válassza ki azokat, amelyek a **write something down** jelentését kiegészítik!

to write something (*on paper/on a computer*) in order to (*read/remember*) or (*record/reply to*) it

Nyelvtan

2 A következő mondatok közül melyek a nyelvtanilag helyesek?

a He wrote down.
b He wrote his name down.
c He wrote down his name.
d He wrote it down.
e He wrote down it.
f His name was written down.

Gyakorlás

3 Javítsa ki az esetleges hibákat a következő mondatokban!

a Write new words down is a good way to help you remember them.
b I'm bound to forget everything if it isn't wrote down.
c He's always writting things down in that little book. I wonder what?

4 **Write down** vagy **write**? Olvassa el újra a **Jelentés** gyakorlatban adott válaszokat, majd az alábbi mondatokban válassza ki a megfelelőt!

a In some countries children don't start to read or write/write down until they are 6.
b Who wrote/wrote down 'Pride and Prejudice'?
c I can't remember new vocabulary unless I write it/write it down.
d Have you got a piece of paper? I'll write/write down my phone number for you.

MEGOLDÁS → 120. old., **write sth down** alatt.

ISMÉTLÉS

down

Könyvünkben a **down** szócskát tartalmazó kifejezésekben az alábbi igék fordulnak elő:

break	cut	let	put
settle	slow	turn	write

Jelentéscsoportok

A **down** szót tartalmazó kifejezések két fő jelentéscsoportba sorolhatók. Írja be a felsorolt igéket a megfelelő oszlopba!

break down	cut down
let sb down	slow down
turn sb/sth down	turn sth down

vmi hiánya/szünetelése	**csökken(t)és**

Származékszavak

Egészítse ki a következő mondatokat a felsorolt kifejezések főnévi vagy melléknévi származékával!

break down	let sb down
slow down	break down

a Many movie stars are a bit of a _____ when you meet them.

b There was an old _____ truck by the side of the road.

c There has been a _____ in the world economy.

d Most delays are caused by accidents, roadworks or vehicle _____

Ellenőrzés

Egészítse ki a következő mondatokat az odaillő ige megfelelő alakjával!

a I drink far too much coffee. I really should _____ down.

b Can you _____ your CD player down? I can't get to sleep.

c I think my daughter is far too young to get married and should _____ down.

d The car couldn't _____ down in time and crashed into a tree.

e If you fail this exam again, you'll be _____ the whole family down.

f You'll break that vase! _____ it down!

g She was _____ down for the job because of her age.

MEGOLDÁS → 121. old., **down** alatt.

off

Az **off** szócskát tartalmazó kifejezésekben az alábbi igékkel találkozott:

cut	drop	get	go	log
put	set	take	tell	turn

Jelentéscsoportok

1 Az **off** szócskát tartalmazó kifejezések három fő jelentéscsoportba sorolhatók. Írja be a felsorolt igéket a megfelelő oszlopba!

cut sb off	cut sb/sth off (2)
drop sb/sth off	get off, get off sth
log off, log off sth	put sth off
put sb off (1,2)	set off
take off	turn sth off

indulás/elhagyás	befejezés/megszakítás	akadályozás

Ellentétes jelentésű kifejezések

2 Adja meg a mondatokban szereplő kifejezések ellentétét!

a I'll drop you off at your hotel.
b Where do we get off the bus?
c Don't forget to log off when you have finished using the computer.
d The plane took off at 12.20.
e Would you like to take your coat off?
f I'll turn the lights off.

Szinonim kifejezések

Adja meg a mondatokban szereplő kifejezések szinonimáját!

a Don't stand there watching me – you're putting me off.
b Let's put the meeting off until next week.
c We set off at midday.
d Can you take your boots off before you come indoors?

 remove   distract   leave   postpone

Származékszavak

Egészítse ki a következő mondatokat az alábbi kifejezések főnévi vagy melléknévi származékával!

> tell somebody off   put somebody off
> take off

a Do not use mobile phones during

_____ and landing.

b I got a terrible _____

from Mum!

c I find her manner very _____

Ellenőrzés

Egészítse ki a következő mondatokat az odaillő alapige megfelelő alakjával! Ha lehet, ne lapozzon vissza!

a My father was so ill we had to _____ off the wedding until he was better.
b The terrible smell in the room _____ me off my food.
c The last person to leave should _____ off all the lights.
d Ask the driver to _____ you off at the supermarket.
e The bus stopped, but no one _____ off.
f The water supply to the house had _____ off.
g I _____ the boys off for making so much noise.
h I think the milk's _____ off.
i The town had _____ off by the floods.

MEGOLDÁS → 121. old., **off** alatt.

out

Az **out** szócskát tartalmazó kifejezésekben
az alábbi igékkel találkozott:

check	find	get	give	go	leave
put	run	sell	sort	wear	work

Jelentéscsoportok

1 Az **out** szót tartalmazó
kifejezések három fő
jelentéscsoportba
sorolhatók. Írja be
a felsorolt igéket a
megfelelő oszlopba!

check out, check out of sth	check sb/sth out
find out, find sth out	get out, get out of sth
go out (1,3)	put sth out
run out, run out of sth	sort sth out
sell out, sell out of sth, be sold out	
wear out, wear sth out	wear sb/yourself out
work out	work sth out

befejezés	elindulás/távozás	megoldás

Szinonim és ellentétes jelentésű kifejezések

2 Egészítse ki a következő mondatokat az igék megfelelő alakjával!

get in give out	come on	
go out	work out	check out

a Shall we stay in tonight?

No, let's _____

b The lights _____

I hope they come on again soon.

c I just couldn't figure out what he was doing.

No, I couldn't _____ either.

d I've got a lot of papers to hand out.

Shall I help you _____ ?

e You can check in any time after 2 p.m.

When should we _____ ?

Származékszavak

Egészítse ki a következő mondatokat a zárójelben található kifejezések főnévi vagy melléknévi származékával!

a Every ticket for the concert had been sold.

The concert was ⸻ (SELL OUT)

b His shoes were old and had large holes in them.

His shoes were ⸻ (WEAR OUT)

c He hates parties and he's looking for an excuse not to go.

He hates parties and he's ⸻ (GET OUT OF STH)

d I'm so tired! I've cleaned the whole house today.

⸻ I've cleaned the whole house today! (WEAR OUT)

Ellenőrzés

Egészítse ki a következő mondatokat a felsorolt igék egyikével!

a I'd love some tea, but I don't want to ⸻ you out at all.

leave   sort   put

b We can't have any coffee – the milk's ⸻ out.

sold   run   gone

c You can't smoke in here. Can you ⸻ your cigarette out, please?

put   leave   check

d I wish I could ⸻ out of the meeting. I'm so busy.

check   get   go

e Do you believe his story? Perhaps we should ⸻ it out.

find   check   sort

f I've cleaned the whole apartment today. It has ⸻ me out.

put   sorted   worn

g Dave was upset he was ⸻ out of the team.

put   left   got

h The tickets for the concert are all ⸻ out.

sold   run   gone

i How long will it take to ⸻ out the problem?

check   work   sort

j Can you ⸻ out the answer to number 2?

check   work   leave

MEGOLDÁS → 121. old., **out** alatt.

up

Az **up** szócskát tartalmazó kifejezésekben
az alábbi igék fordultak elő:

be	blow	break	bring	catch	cheer
do	fill	get	give	grow	hang
hold	keep	look	make	own	pick
put	set	speak	take	turn	

Jelentéscsoportok

1 Az up szócskát tartal-
mazó kifejezések három
fő jelentéscsoportba
sorolhatók. Írja be
a felsorolt igéket a
megfelelő oszlopba!

blow sth up	break up
bring sb up	cheer up, cheer sb/yourself up
fill sth up	give up, give up sth (1,2)
grow up	hang up, hang up sth
hold sb/sth up	speak up
turn sth up	wake up, wake sb up

növekedés/javulás	megszüntetés/feltartás	teljesítés

Ellentétes jelentésű kifejezések

2 Keresse ki a gyakorlatban szereplő kifejezések ellentétét
a megadott szavak közül!

a When did you give up smoking?
b He had difficulty doing up the buttons on his coat.
c Can you turn up the heating a bit?
d I'll pick you up at your house.
e She picked the vase up carefully.
f I've decided to take up line dancing.

undo   take up   put down

drop off   give up   turn down

Származékszavak

**Egészítse ki az alábbi mondatokat a zárójelben
szereplő kifejezésből képzett főnévvel vagy igével!**

a George had a very strict _____ (BRING UP)

b _____ are expected because of roadworks at the junction. (HOLD UP)

c It isn't a true story. It's a _____ one. (MAKE UP)

d What time would you like your _____ call? (WAKE UP)

e It took him a long time to recover from the _____
of his marriage. (BREAK UP)

f There's a bus _____ point in front of the hotel. (PICK UP)

g _____ on this site are free and easy to use. (LOOK UP)

Ellenőrzés

**A következő mondatok kifejezései összekeveredtek.
Rendezze át a kifejezéseket úgy, hogy mindegyik
mondatban a helyes szerepeljen!**

a I didn't like your boss. I don't know how you caught up with him.

b Julia was late again today. I think the traffic picked her up.

c I didn't know the answer to the question so I owned one up.

d He was so rude! When he heard my voice on the phone he just cheered up!

e Who broke the window? Will someone hang up?

f The rest of the group were still so far ahead I knew Jack hadn't put up with them.

g Dan looked so miserable but I held him up.

h I made up the kids from school this afternoon.

**Alakítsa át a következő mondatokat úgy, hogy a dőlt betűvel szedett főnév vagy
kifejezés helyett névmást használ! Ügyeljen a szórendre!**

a How do you put up with that noise all the time?

How do you _____?

b When did you take up judo?

When did you _____?

c I decided not to look up the words in a dictionary.

I decided not to _____

d I'm sure he made up that story.

I'm sure _____

Egyéb szócskak

Könyvünkben tanulmányozhatta az **away**, **in**, **on** és **over** szócskákat tartalmazó kifejezéseket is.

Jelentéscsoportok

1 Bizonyára észrevette, hogy a kifejezéseken belül ezeknek a szócskáknak milyen alapjelentései vannak. Sorolja az igéket a megfelelő kategóriába! Ha segítségre van szüksége, lapozzon vissza a megfelelő helyre!

throw sth away
go on (1. jelentés)
log on, log onto sth   give sth away
get on, get on sth   get in, get in sth
turn sth on
turn over, turn sb/sth over

egy bizonyos irányba történő mozgás	eltávolítás

folytatás	kezdés

Ellenőrzés

2 Döntse el, hogy a felsorolt igék közül melyikkel lehet kiegészíteni az alábbi mondatokat!

a _____ on. I'll just get some paper to write all that down.

   come   turn   hold

b Shall we _____ in before we have a cup of coffee?

   check   fill   log

c Put your shoes on properly or you'll _____ over.

   get   turn   fall

d It took him a long time to _____ over his illness.

   fall   get   throw

e Can you describe what she _____ on when you last saw her?

   got   held   had

f Please _____ in your full name and your address.

   log   fill   turn

MEGOLDÁS → 121. old., **Egyéb szócskak** alatt.

get

A **get** igét különböző határozószókkal és elöljárószókkal kombinálva használjuk. Könyvünkben a **get** szót tartalmazó kifejezésekben az alábbi szócskák fordulnak elő:

in   off   on   out   over   up

Jelentés

Keresse meg a mondatokhoz illő jelentésmagyarázatokat!

a I'm still getting over my cold.

b They were locked in the building and couldn't get out.

c It's 6.30! You should be getting up now.

d Jack got in the car and drove off.

e Do you get on well with your teachers?

f I said I would go shopping with him, so I can't get out of it now.

g Anna got off the bus and started to walk along the road.

h We had to break a window to get in.

i	to get into a bus, train, plane, car, etc.
ii	to have a friendly relationship with somebody
iii	to manage to find a way out of a place
iv	to return to your usual state of health or happiness after an illness, a shock, etc.
v	to get out of bed
vi	to leave a bus, train or plane
vii	to succeed in entering a place
viii	to avoid a responsibility or duty

Ellenőrzés

Az alábbi mondatokban szereplő kifejezések összekeveredtek. Rendezze át a mondatokat úgy, hogy mindegyikben a megfelelő kifejezés szerepeljen!

a My parents don't get over their neighbours very well.

b Don't leave your bags on the train when you get on it.

c You promised to help me! You can't get off it now.

d I watched him get up his bike and ride away.

e Come on, lazy! It's time to get in.

f Be quick and get on with the car! We're late.

g I was very angry with him, but he'll get out of it.

MEGOLDÁS → 121. old., **get** alatt.

put

A **put** igét különböző határozószókkal és elöljárószókkal kombinálva használjuk. Könyvünkben a **put** szót tartalmazó kifejezésekben az alábbi szócskák fordulnak elő:

away down off on out up with

Jelentés

1 Keresse meg a mondatokhoz illő jelentésmagyarázatokat!

a It's cold outside – you'll need to put on a coat.

b I'd love some tea, but I don't want to put you out at all.

c How do you put up with all that noise?

d Don't watch me – you're putting me off!

e He washed the dishes and put them away.

f She put her bag down by the door.

g The fire was put out before the firefighters arrived.

h We'll have to put the meeting off until next week.

i The accident put her off driving for years.

i	to put something in a box, a drawer, etc. because you have finished using it
ii	to change something to a later date or time
iii	to make somebody stop liking something
iv	to accept something that is annoying or unpleasant without complaining
v	to place something that you are holding on the floor
vi	to make trouble, problems or extra work for somebody
vii	to put an item of clothing on your body
viii	to stop something burning
ix	to disturb somebody who is trying to give their attention to something

Ellenőrzés

2 Egészítse ki a következő párbeszédeket egy **put** igét tartalmazó kifejezéssel!

a Would you like to stay the night here?

Oh, I don't want _____

b My car broke down again the other day!

I don't know why _____

c Do you like strong cheese?

No, it's the smell that _____

d It feels a bit cold in here.

Why don't you _____?

MINISZÓTÁR ÉS KULCS

RÖVIDÍTÉS
elölj = elöljárószó   **sb** = somebody = valaki
fn = főnév   **sth** = something = valami
hsz = határozószó   **nm** = névmás
-ing = az ige *-ing* képzős alakja

be   /bi; *erős alak* biː/

(**is/are**, **being**, **was** /wəz; *erős alak* wɒz; *USA* wɑːz, wʌz/, **were** /wə(r); *erős alak* wɜː(r)/, **been** /biːn, bɪn/)

1 be 'up to sb

vkitől függ, vkin múlik, vkinek a feladata
■ ige + hsz + elölj + fn/nm
1i b   **ii** a   **2** b, d
3 a It is up to students to find their own accommodation. **b** It is up to the prosecution lawyer to prove that somebody is guilty in court. **c** I don't mind where we go – it's up to you. **d** Jenny can go to the party if she likes – it's up to her.
4 a That's up to my boss. **b** No, it's up to me to keep my room tidy/to tidy my room. **c** That's up to the judge.

2 be 'up to sth

vmiben sántikál, vmivel foglalatoskodik
■ ige + hsz + elölj + fn/nm
1 b   **2** something bad   **3** a
MEGJEGYZÉS Néha a **be** helyett a **get** ige is használható ebben a kifejezésben: *What did you get up to last night?* Mi a csudát csináltál tegnap este? Ez a kifejezés azt is jelentheti, hogy valaki vagy valami a várakozásoknak megfelelő minőségű, illetve hogy valaki képes valamit megcsinálni: *Was your meal up to standard?* Megfelelő minőségű volt az étel? *In her condition, she* **wasn't** *really up to walking a long way.* Ebben az állapotban nemigen volt képes gyalog messzire elmenni.
4 a ii **b** iii **c** i **d** iv
5 *Javasolt válaszok:* **a** So, what were you up to last night? **b** What has he been up to (to get so dirty)? **c** Do you think the children are up to something?

blow   /bləʊ; *USA* bloʊ/

(**blew** /bluː/, **blown** /bləʊn; *USA* bloʊn/)

3 blow 'up; blow sb/sth 'up

felrobban(t)
■ ige + hsz
■ ige + fn/nm + hsz;
   ige + hsz + fn
1 a   **2** a   **3** a, b, c, d, f
4 a The demonstrators threatened to blow up the offices if… **b** … when the old heating boiler blew up. **c** … and blew it up. **d** An attempt was made to blow up the company director, but…

4 blow sth 'up

felfúj
■ ige + fn/nm + hsz;
   ige + hsz + fn
1 to fill something with air or gas
2 a, b, d   **3** a, b, c, e
4 *Javasolt válaszok:* **a** No, we haven't blown up the balloons. **b** Yes. They were flat so I blew them up.

break   /breɪk/

(**broke** /brəʊk; *USA* broʊk/, **broken** /'brəʊkən; *USA* 'broʊkən/)

5 break 'down

elromlik (*jármű, gép, szerkezet*)
■ ige + hsz
1 b, c   **2** a, c
3 a broken **b** breaks down **c** broke **d** broken
4 *Javasolt válaszok:* **a** Because the washing machine has broken down. **b** Yes, it never breaks down.

6 break 'up

szakít (vkivel), felbomlik (*kapcsolat*)
■ ige + hsz
1 a comes to an end **b** end a relationship
2 a, c, d   **MEGJEGYZÉS** A *break somebody up* szerkezet is használható. *She doesn't want me to marry him, and is always trying to break us up.* Nem akarja, hogy feleségül vegyen, folyamatosan azon mesterkedik, hogy tönkretegye a kapcsolatunkat.
3 a Her marriage broke up in 1985… **b** Many bands break up… **c** …after she broke up with John.
4 No, they have broken up/they broke up a few weeks ago.Yes, they haven't broken up yet.

bring   /brɪŋ/   (**brought, brought** /brɔːt/)

7 bring sb 'up

felnevel
■ ige + fn/nm + hsz;
   ige + hsz + fn
1 a, c   **2** a, b, c, e
3 a …so his grandparents brought him up.
b Do you think parents should bring boys and girls up in the same way? **c** I was brought up on a farm.

call   /kɔːl/

8 call 'back; call sb 'back

visszahív (*telefonon*)
■ ige + hsz;
   ige + fn/nm + hsz
1 b   **2** a, b, d
3 *Javasolt válaszok:* **a** …so I called her back later.
b …Can I call you back? **c** …and he called me back.
d …but she hasn't called me back (yet).

catch   /kætʃ/   (**caught, caught** /kɔːt/)

9 catch 'up; catch sb/sth 'up

utolér
■ ige + hsz;
   ige + fn/nm + hsz
1 a, b, e
2 a, b, d, e   **MEGJEGYZÉS** A *She caught up Tom* szerkezet is lehetséges, de ritkán használják.
3 a …and said he would catch me up. **b** She was driving so fast that I couldn't catch up (with her). **c** …and let him catch up (with me). **d** … nobody will be able to catch up (with you).

check /tʃek/

10 ˌcheck 'in; ˌcheck sb/sth 'in
bejelentkezik, poggyászt kezel(tet)
- ige + hsz
- ige + fn/nm + hsz;
ige + hsz + fn

1 b 2 a
3 a, b, c, d, f MEGJEGYZÉS A **check into something** szerkezet is használható: *We checked into our hotel.* Bejelentkeztünk a hotelbe.
4 a We checked in at Heathrow at 2 p.m.… b ✔ c ✔
d After checking in and …

11 ˌcheck 'out; ˌcheck 'out of sth
kijelentkezik (*pl. szállodából*)
- ige + hsz;
ige + hsz + elölj + fn/nm

1 b, d, e 2 a, b, d 3 a, c
4 a check out b checked out of c check out
d checked out e had checked out of

12 ˌcheck sb/sth 'out
leellenőriz
- ige + hsz + fn;
ige + fn/nm + hsz

1 a honest, reliable b true, correct, acceptable
2 a, b, c, e MEGJEGYZÉS A *check people out* kifejezés jóval ritkább.
3 a I think we should check out his story/check his story out. b The police checked out the names and addresses. c Can you check something out for me?
d Potential employees are always thoroughly checked out.

cheer /tʃɪə(r)/; USA tʃɪr/

13 ˌcheer 'up; ˌcheer sb/yourself 'up
felvidít, felvidul
- ige + hsz;
ige + fn/nm + hsz;
ige + hsz + fn

1 a 2 a, b, d, e, f
3 *Javasolt válaszok:* a Why don't you cheer her up by taking her to see a movie? b Yes. He has cheered up a lot. c Cheer up! It'll soon be spring.

come /kʌm/ (came /keɪm/, come)

14 ˌcome a'cross sb/sth
véletlenül talál(kozik), összefut vkivel
- ige + elölj + fn/nm

1 to meet or find somebody or something by chance without having planned or thought about it
2 a 3 b, d 4 a Did you come across anything interesting …? b …My father came across it in the library. c This is a recipe that I came across in a French dictionary of cooking. d James is the strangest person I've ever come across! e Have you come across a girl called…?

15 ˌcome 'on
Siess már!, Gyerünk/Ugyan (már)!
- ige + hsz

1 b 2 a MEGJEGYZÉS Ezt a kifejezést csak a *Come on!* alakban használják.
3 a, b 4 a Come on! b Absolutely! c Come on!
d Come on! e Come down!

16 ˌcome 'round
(f)eljön, átjön/átmegy (*vkihez vendégségbe/látogatóba*)
- ige + hsz

1 b 2 a, c
3 a My parents usually come round to our place on Sundays. b …, do come round for coffee.
c … Can I come round and/to use yours?
d … Some friends are coming round (to my house).
4 Would you like to come round for lunch on Saturday?

cut /kʌt/ (cutting, cut, cut)

17 ˌcut 'down
lecsökkent
- ige + hsz

1 to eat, drink or use less of something, usually to improve your health or your situation
2 a, c 3 *Javasolt válaszok:* You should cut down on junk food. You smoke too much. You should cut down. 4 I wish I could cut down on chocolate. I drink too much coffee. I'm trying to cut down.

18 ˌcut sb 'off
megszakít (*telefonbeszélgetést*)
- ige + fn/nm + hsz

1 to interrupt a telephone conversation by breaking the connection
2 a, c, e MEGJEGYZÉS Ebben a jelentésben rendszerint szenvedő szerkezetben használják.
3 a They were suddenly cut off. b Operator, we've been cut off. c I'm so sorry. My son has cut us off.

19 ˌcut sb/sth 'off (1)
elvág, eltorlaszol
- ige + fn/nm + hsz;
ige + hsz + fn

1 to separate somebody, something or yourself physically or socially from other people or things
2 a, b, c, e, g 3 a, c
4 a We are often cut off in the winter because of bad weather. b You can't expect me to cut myself off completely from my friends. c ✔ d The country had been cut off from all contact with the outside world.

20 ˌcut sb/sth 'off (2)
kikapcsol (*áramot*), elzár (*egyéb szolgáltatást*)
- ige + fn/nm + hsz;
ige + hsz + fn

1 c 2 a, b, d, e, g
3 a, b, d MEGJEGYZÉS Használható a *cut the electricity supply off* szerkezet is, de ritkább. A **cut sb/sth off** kifejezést ebben a jelentésben gyakran használják szenvedő szerkezetben.
4 a Because our telephone has been cut off.
b The company will cut you/the electricity off.
c Because the gas has been cut off.
5 a ✔ b She didn't pay the bill so they cut her off. c ✔
d They were wearing coats and scarves as the electricity had been cut off.

do /du; *erős alak* duː/
(**does** /dʌz/, **did** /dɪd/, **done** /dʌn/)

21 ˌdo sth 'up

begombol, fel-/behúz (*pl. cipzárat*), megköt
(*pl. cipőfűzőt*)

■ ige + hsz + fn;
ige + fn/nm + hsz

1 b **2** a, c, e
3 a, b, c, e **MEGJEGYZÉS** A következő szerkezetet
is használhatjuk: *This dress does up at the back.*
4 a Yes, if you do it up/do the buttons up/do up
the buttons. **b** … I couldn't do them/the zip up!
c … Your laces were not done up.

drop /drɒp; *USA* drɑːp/ (**-pp-**)

22 ˌdrop sb/sth 'off

letesz vkit/vmit (*főleg járműről*)

■ ige + fn/nm + hsz;
ige + hsz + fn

1 a **2** b **3** a, b, c, e
4 a Could you drop me off outside the hotel, please?
b …Shall I drop your books off/drop off your
books for you? **c** Where shall I drop you off?…
5 a✔ **b**✔ **c** … – why don't you ask her to drop
you off?

fall /fɔːl/ (**fell** /fel/, **fallen** /ˈfɔːlən/)

23 ˌfall 'over

elesik

■ ige + hsz

1 to be unable to stay standing and fall to the
ground
2 a, d **3** b, c **4** a, c, d

fill /fɪl/

24 ˌfill sth 'in

kitölt (*pl. űrlapot*)

■ ige + hsz + fn;
ige + fn/nm + hsz

1 to complete a document (for example a form or a
questionnaire) by writing the necessary information
on it
2 a, b, d **MEGJEGYZÉS** A **fill the form in** szerkezet is
használható, de ritkább.
3 a Once you have filled in your personal details, …
b …and here are some notes to help you fill it in.
c Thank you for filling in our questionnaire. …
d He filled in her name on the invitation…
e About 35% of people had filled in their forms
incorrectly.

25 ˌfill sth 'up

meg-/fel-/teletölt

■ ige + fn/nm + hsz;
ige + hsz + fn

1 a, b, d, h
2 a, b, c, e **MEGJEGYZÉS** A **fill up** kifejezés tárgy
nélkül is használható: *The boat was filling up with
water.* A csónak megtelt vízzel. *After 8 o'clock,
the restaurant began to fill up.* Nyolc óra után az
étterem kezdett megtelni.

3 a She…and filled it up again. **b** …, fill the jug
up/fill up the jug from the tap. **c** … I only filled it up
last week! **d** You don't need to fill the kettle/teapot
up just to make one cup of tea!

find /faɪnd/ (**found, found** /faʊnd/)

26 ˌfind 'out; ˌfind sth 'out

megtud, rájön vmire, kiderít

■ ige + hsz;
ige + hsz + fn;
ige + nm + hsz

1 a
2 a, c, d **MEGJEGYZÉS** Az *I found the truth out*
szerkezet is lehetséges, de ritka. Szenvedő
szerkezetben szinte soha nem használják.
3 a I want you to find out who he is. **b** Can you find
out where he lives? **c** Please find out when he
started following me. **d** I must find out why he is
following me. **e** I need to find out how he knows
my name. **f** I have to find out what he wants.

get /get/ (**getting, got, got** /gɒt; *USA* gɑːt/)

27 ˌget 'in; ˌget 'in sth

bejut, beszáll

■ ige + hsz;
ige + elölj + fn/nm

1 a, c, d **2** c
3 a, b, d **MEGJEGYZÉS** Amikor a mondatban tárgy
követi a kifejezést, használható a **get into something**
szerkezet is. Ez néha formálisabb, mint a **get in sth**:
They all got in/into the car and it drove off.
Valamennyien beszálltak a kocsiba, és elhajtottak.
4 a Quick! Get in (the car) and fasten your seatbelt!
b She got in the cab/taxi and…. **c** …you can get in
free on Sundays. **d** …I'll go under the table and you
get in the cupboard/closet!

28 ˌget 'off; ˌget off 'sth

leszáll (*járműről*)

■ ige + hsz;
ige + elölj + fn/nm

1 a **2** a, b, d, e, f, h **3** a, c, e
4 a …and they wouldn't let us get off the plane.
b You can ask the driver where to get off/where you
should get off. **c** …I got off (the bus) at the wrong
stop and had to walk. **d** … Get off (your bike) at
once!

29 ˌget 'on

jól kijön vkivel

■ ige + hsz

1 to have a friendly relationship with somebody
2 a, b, d **3 a** iv **b** i **c** iii **d** ii

30 ˌget 'on; ˌget 'on sth

felszáll (*járműre*)

■ ige + hsz;
ige + elölj + fn/nm

1 b **2** a, b, d, e, f, h **3** a, b, d
4 a He got on his bike and cycled off…. **b** …before
they let us get on the plane. **c** …, so we'd better get
on it. **d** I got on a bus that took me straight to the
airport…. **e** … Shall we get on it?

31 ,get 'out; ,get 'out of sth

kijut, ki-/leszáll, kiszabadul

- ige + hsz;
  ige + hsz + elölj + fn/nm

1 a, c, d, e **2** a, b, d
3 a …but then lots of people got out at the next station. **b** …and it couldn't get out. **c** Let's get out here… **d** I usually try to get out of the office for an hour at lunchtime.

32 ,get 'out of sth

kihúzza magát vmi alól, kibújik vmi alól

- ige + hsz + elölj + fn/nm

1 c **2** b, d, e **3 a** No. **b** Yes. **c** Yes. **d** No.
4 a …we can't get out of it. **b** …and tried to get out of paying. **c** …but there was no getting out of them. **d** …I don't think I can get out of it.

33 ,get 'over sb/sth

túlteszi magát vmin, kigyógyul vmiből, kiheveri vkinek/vminek az elvesztését

- ige + elölj + fn/nm

1 b **2** a, c **3** b, c
4 a …but she soon got over her homesickness. **b** …as I was (still) getting over bronchitis. **c** When I had got over the shock… **d** He was very ill, but he seems to have got over it now. **e** We spent the first day of our holiday getting over the long flight.

34 ,get 'up; ,get sb 'up

feláll, felkel; felébreszt

- ige + hsz;
  ige + fn/nm + hsz

1 b **2** a, b, d **MEGJEGYZÉS** A **get yourself up** kifejezés is használható: *Jack had to get himself up and off to school.* Jacknek fel kellett kelnie, és el kellett mennie az iskolába.
3 *Javasolt válaszok:* **a** I usually get up at… **b** At the weekend I get up at…/I don't get up until… **c** I got up at… **d** I think I'll get up at…/I ought to get up at…
4 *Javasolt válaszok:* What are you doing still in bed? Get up and do something useful.

give /gɪv/ (**gave** /geɪv/, **given** /'gɪvn/)

35 ,give sth a'way

elajándékoz

- ige + fn/nm + hsz;
  ige + hsz + fn

1 c **2** a, b, c, e
3 a Dave has decided to give all his money away/give away all his money to charity. **b** …They were giving them away free at the market. **c** …so I sold four of them and gave the rest away/gave away the rest. **d** … – he gave away his old car/gave his old car away when he bought the new one. **e** …I've decided to give everything away.

36 ,give sth 'out

kioszt

- ige + hsz + fn;
  ige + fn/nm + hsz

1 b **2** a, b, c, e
3 a She gave out invitations to her wedding…
b The teacher…started giving out exam papers/giving exam papers out to all the students.
c The relief organizations…were giving out free food/giving free food out to the refugees. **d** …Do you need any help with giving out leaflets/giving leaflets out?

37 ,give 'up; ,give sth' up (1)

felad (*pl. versenyt, reményt*), abbahagy

- ige + hsz;
  ige + hsz + fn;
  ige + nm + hsz;
  ige + fn + hsz (*ritkábban*);
  ige + hsz + -*ing*

1 to stop trying to do something, usually because it is too difficult
2 a, b, c, f **MEGJEGYZÉS** A *give the attempt up* szerkezet is használható, de ritkább.
3 a ii b i c iv d iii
4 *Javasolt válaszok:* **a** Don't give up – I know you can do it! **b** In the end, I gave up trying to find him./I couldn't find him and in the end I gave up (the search). **c** He was exhausted but he wouldn't give up.

38 ,give 'up; ,give sth 'up (2)

leszokik vmiről

- ige + hsz;
  ige + hsz + fn;
  ige + nm + hsz;
  ige + fn + hsz (*ritkábban*);
  ige + hsz + -*ing*

1 b **2** a, b, c, f **MEGJEGYZÉS** A *give coffee up* szerkezet is használható, de ritkább.
3 *Javasolt válaszok:* **a** …I (know I) ought to give up.
b …I've given up (drinking) coffee./I'm trying to give up (drinking) coffee.

go /gəʊ; *USA* goʊ/
(**goes** /gəʊz; *USA* goʊz /, **went** /went/, **gone** /gɒn; *USA* gɔːn, gɑːn/)

39 ,go 'off (1)

felrobban; durran, csattan

- ige + hsz

1 a explodes **b** fired **c** loud noise **2** b, c, e **3** a
4 *Javasolt válaszok:* **a** …It sounded as if a bomb had gone off. **b** …They might go off before you are ready. **c** …My alarm didn't go off. **d** The thieves ran away when the (burglar) alarm went off.

40 ,go 'off (2)

megromlik (*étel, ital*)

- ige + hsz

1 a, b, d **2** a, b, d, f **3** a
4 a We can't, the chicken has gone off. **b** I'm afraid the salmon has gone off too. **c** No, they've gone off.

41 ˌgo 'on (1)

folytatódik, folytat

■ ige + hsz;
ige + hsz + -*ing*
1 a ii **b** i **2** a, b, c, d **3 a** ii **b** i **c** iii
4 a …Things can't go on as they are. **b** …everybody just went on talking/went on with what they were doing.

42 ˌgo 'on (2)

végbemegy, történik

■ ige + hsz
1 b **2** a, c MEGJEGYZÉS Ezt az kifejezést rendszerint folyamatos igeidőkben használják.
3 a iii **b** v **c** iv **d** ii **e** i
4 *Javasolt válaszok:* **a** …What's going on?
b …There's nothing going on/There must be something going on. **c** …and I never discovered what had been going on.

43 ˌgo 'out (1)

elmegy (*szórakozni, kirándulni*)

■ ige + hsz
1 b **2** a
3 a Yes, we went out for a special meal. **b** I usually go out with my friends. **c** No, he's gone out to a party.
4 *Javasolt válaszok:* **a** I never/sometimes go out on Friday and Saturday evenings. **b** I didn't go out last night. **c** My parents often/always let me go out (with friends) when I was young.

44 ˌgo 'out (2)

jár vkivel

■ ige + hsz
1 to spend time with somebody and have a romantic relationship with them
2 a, b, c
3 a Kate and Sam have been going out (together)/Kate has been going out with Sam for three years. **b** How long did those two go out together? **c** They went out (together) for years before they finally got married. **d** Are you going out with anyone at the moment?

45 ˌgo 'out (3)

el-/kialszik (*fény, tűz*)

■ ige + hsz
1 a shining **b** burning **2** a **3 a** the fire **b** the flame **c** the candle **d** the torch **4** *Javasolt válaszok:* **a** Because the fire has gone out. **b** Nobody. They just went out.

grow /ɡrəʊ; *USA* ɡroʊ/
(**grew** /ɡruː/, **grown** /ɡrəʊn; *USA* ɡroʊn/)

46 ˌgrow 'up

felnő, felnőtté válik

■ ige + hsz
1 a **2** a, c
3 a grown **b** grown **c** grew up
4 *Javasolt válaszok:* **a** I grew up in… **b** I wanted to be a … when I grew up.

hang /hæŋ/ (hung, hung /hʌŋ/)

47 ˌhang 'up; ˌhang 'up sth

leteszi (a telefont)

■ ige + hsz;
ige + hsz + fn
1 c **2** b
3 a, b, d MEGJEGYZÉS A hang the phone up szerkezet is lehetséges, de igen ritka.
4 a …, or shall I hang up when we've finished?
b …the caller hung up immediately. **c** …'Nothing. He hung up on me!' **d** 'Sorry, wrong number,' she said, hanging up the phone.

have /həv, əv; *erős alak* hæv/ (has, having, had, had)

48 ˌhave sth 'on; have ˌgot sth 'on

visel, hord (*ruhát*)

■ ige + fn/nm + hsz; ige + hsz + fn
1 a **2** a, d
3 a, b, c MEGJEGYZÉS Ezt az igét folyamatos igeidőkben nem használják.
4 a Today I've got my favourite sweater on. **b** ✔ **c** I was cold because I hadn't got/didn't have a coat on.

hold /həʊld; *USA* hoʊld/ (held, held /held/)

49 ˌhold 'on

vár; tartja (*a vonalat*)

■ ige + hsz
1 b **2** a, c MEGJEGYZÉS Ezt a kifejezést főleg a mindennapi, kötetlen beszédben használják, leginkább a felszólító **hold on** alakban.
3 b **4** *Javasolt válaszok:* **a** Hold on (a minute) – I need to make a quick phone call. **b** Let's hold on (for) a few minutes and see if any more students arrive. **c** Hold on (a moment) – my daughter is in another room.

50 ˌhold sb/sth 'up

feltartóztat, feltart

■ ige + hsz + fn;
ige + fn/nm + hsz
1 to block or delay the progress of somebody or something
2 a, b, c, e MEGJEGYZÉS A hold the meeting up szerkezet nem túl gyakori. A **hold something up** azonban gyakori szenvedő szerkezetben.
3 a …He's been held up in Chicago on business.
b …They (must) have been held up in traffic.
c … in case they were/the boat was held up by gales.
d …, and traffic was held up for over an hour.
4 a I held things up for an hour… **b** ✔ **c** …, the trains are held up.

keep /kiːp/ (kept, kept /kept/)

51 ˌkeep 'up

lépést tart

■ ige + hsz
1 a **2** a, c
3 a …Please try to keep up (with us)! **b** …I can't keep up (with you)! **c** …Joe would have difficulty keeping up (with us).
4 a catch up **b** catch up **c** keep up

leave /liːv/ (left, left /left/)

52 ˌleave sb/sth 'out;
ˌleave sb/sth 'out of sth

kihagy vkit/vmit (vmiből)

- ige + hsz + fn;
  ige + fn/nm + hsz;
  ige + fn/nm + hsz + elölj + fn/nm

1 b **2** c **3** a, b, c, e
4 **a** …and don't leave out any details/leave any details out! **b** It seemed wrong to leave Daisy out so she came along too. **c** …but I left out the '0'/I left the '0' out. **d** David was left out of the team….

---

let /let/ (letting, let, let)

53 ˌlet sb 'down

csalódást okoz, cserbenhagy

- ige + fn/nm + hsz;
  ige + hsz + fn

1 a **2** a, b, c, e **MEGJEGYZÉS** A *He let down his parents* szerkezet kevésbé gyakori.
3 b **4** **a** He never lets anybody down. **b** If I fail, I'll feel that I've let my parents down.

---

log /lɒg; *USA* lɔːg, lɑːg/ (-gg-)

54 ˌlog 'off; ˌlog 'off sth

kilép (*a rendszerből*)

- igc + hsz;
  ige + elölj + fn/nm

1 to perform the actions that allow you to finish using a computer system
2 a, c, e **MEGJEGYZÉS** Ez a kifejezés más szerkezetekben is használható: *Click this button to log off the current user.* Kattintson erre a billentyűre, ha ki akar lépni. *This button will log you off the website.* Ha ide kattint, akkor kilép a honlapról.
3 **a** Teenagers are logging off the Internet in millions… **b** You might have to wait until one of the other users has logged off. **c** You have just logged off the system….

55 ˌlog 'on; ˌlog 'onto sth

belép/bejelentkezik (*a rendszerbe*)

- ige + hsz;
  ige + elölj + fn/nm

1 to perform the actions that allow you to begin using a computer system
2 a, c, e **MEGJEGYZÉS** Ez a kifejezés más szerkezetekben is használható: *The system was unable to log you on.* Ön nem tudott belépni a rendszerbe. *This will automatically log you onto the website..* Ez önt automatikusan belépteti a honlapra.
3 **a** Every evening she logs onto the Internet…. **b** You can't log onto the system without a user name…. **c** Press CTRL + ALT + DELETE to log on.

look /lʊk/

56 ˌlook 'after sb/sth/yourself

felügyel/vigyáz vkire/vmire/magára, gondoskodik vkiről/vmiről, gondoz vkit

- ige + elölj + fn/nm

1 c, e **2** b, d, e
3 **a** …He's quite old enough to look after himself. **b** …I wish you would look after your clothes. **c** …She loves looking after children. **d** …the nurses looked after him very well.

57 'look for sb/sth

keres (vkit/vmit)

- ige + elölj + fn/nm

1 b **2** a, c **MEGJEGYZÉS** Szenvedő szerkezetben lehetséges, de nem túl gyakori.
3 **a** …Yes, I'm looking for a blue shirt. **b** …I've been looking for it everywhere. **c** Clare was…, looking for her contact lenses. **d** She was frantically looking for her son, … **e** …I'm going to look for an apartment in the centre of town.
4 **a** ✔ **b** ✔ **c** Sarah lost her keys, so we spent ages looking for them all over the house.

58 ˌlook 'forward to sth

nagyon/alig vár vmit

- ige + hsz + elölj + fn/nm

1 c **2** a, b, d **MEGJEGYZÉS** A **look forward to something** kifejezés szenvedő szerkezetben is használható, de nem túl gyakori: *Her visit was eagerly looked forward to.* Nagyon várták a látogatását.
3 **a** I'm looking forward to the party very much…. **b** …I'm really looking forward to meeting him. **c** ✔ **d** …so we always looked forward to it.

59 ˌlook sth 'up

meg-/kikeres vmit

- ige + fn/nm + hsz;
  ige + hsz + fn

1 to search for a word or some information in a book or on a computer
2 a, b, c, e **MEGJEGYZÉS** Szenvedő szerkezetben is lehetséges, de nagyon ritka.
3 **a** ✔ **b** I usually look up new words/look new words up in a bilingual dictionary. **c** ✔ **d** …I would have to look it up on a map.
4 **a** Every time I try to look something up,…. **b** Why don't you look up her number/look her number up in the phone book…? **c** …I looked it up on the timetable.

make /meɪk/ (made, made /meɪd/)

60 ˌmake sth 'up

kiagyal, kitalál

- ige + hsz + fn;
  ige + fn/nm + hsz

1 c **2** a, b, d **MEGJEGYZÉS** A *He made the story up* szerkezet is lehetséges, de kevésbé gyakori.
3 *Javasolt válaszok:* **a** No, I think he made it all up. **b** No, it's (been) made up. **c** Oh, I just made one up. **d** I promise I haven't made it all up/made the story up.
4 **a** ✔ **b** Most of what had been written about her in the papers had been made up. **c** He can't have made up all that stuff…, can he?

own /əʊn; *USA* oʊn/

61 ‚own 'up; ‚own 'up to sth
beismer, bevall
- ige + hsz

1 a **2** a, c, d, f **3** d
4 a owned up to **b** owned up **c** owns up
d owning up **e** owned up to **f** own up to

pick /pɪk/

62 ‚pick sb/sth 'up (1)
felvesz, felemel
- ige + fn/nm + hsz;
  ige + hsz + fn

1 c **2** a, b, c, e
3 a …, so I picked it up for him. **b** …, you have
to pick up a card/pick a card up from the pile.
c … I could only just pick her up. **d** I spent a few
minutes picking her clothes up off the floor…
e Did you pick up my credit card/pick my credit
card up by mistake? …

63 ‚pick sb/sth 'up (2)
elmegy vkiért/vmiért, felvesz vkit (*pl. autóval*)
- ige + fn/nm + hsz;
  ige + hsz + fn

1 b **2** a **3** a, b, c, e
4 a …I have to pick the children up/pick up the
children from school. **b** We need to pick the tickets
up/pick up the tickets from the Box Office.
c …I can't pick you up until eight. **d** He had to…
pick up his suitcase for the weekend.

put /pʊt/ (putting, put, put)

64 ‚put sth a'way
eltesz, elrak, a helyére tesz
- ige + fn/nm + hsz;
  ige + hsz + fn

1 c **2** a, b, c, e
3 a You'd better put the cakes away/put away the
cakes before I eat them all! **b** …or shall I put it
away? **c** Stop playing and put your toys away now,
Tim. … **d** I think I'll put the car away in the garage…
e …Why can't you put them away?
4 *Javasolt válaszok:* **a** No, don't put it away yet. /
Yes, you can put it away now. **b** I've just put it
away/It's been put away (in the fridge).

65 ‚put sb/sth 'down
letesz
- ige + fn/nm + hsz;
  ige + hsz + fn

1 to place somebody or something that you are
holding on the floor or another surface
2 a, b, c, e **3** *Javasolt válaszok:* **a** The book was so
good that I couldn't put it down. **b** …Why doesn't
she put some of them down? **c** The police told the
robbers to put down their guns/put their guns
down. **d** …You can put him/her down now.

66 ‚put sb 'off; ‚put sb 'off sb/sth (1)
elriaszt, elveszi a kedvét vmitől, későbbre halaszt
- ige + fn/nm + hsz;
  ige + fn/nm + elölj + fn/nm

1 to make somebody stop liking or being interested
in somebody or something
2 a, b, d, e, f **MEGJEGYZÉS** Az *It put off John*
szerkezet is lehetséges, de nagyon ritka.
3 a The accident put James off riding a bike for
a long time. **b** Don't be put off by the cost of the
book. **c** His political views put me off him.

67 ‚put sb 'off; ‚put sb 'off sth (2)
megzavar, kizökkent
- ige + fn/nm + hsz;
  ige + fn/nm + elölj + fn/nm

1 a **2** a, c, d, e
3 a …Doesn't it/the noise put you off? **b** …They
put me off. **c** …I can turn the radio off if it puts
you off.
4 a …I mustn't let anything put me off my work this
week. **b** ✔ **c** The children all…tried to put the
teacher off. **d** The noise of the traffic was putting
her off,…

68 ‚put sth 'off
elhalaszt
- ige + fn/nm + hsz;
  ige + hsz + fn; ige + hsz + -*ing*

1 b **2** a, b, c, e
3 a Can we put it off until tomorrow?
b … – it cannot be put off any longer. **c** I always put
my work off/put off my work until the last minute.

69 ‚put sth 'on
felvesz, feltesz
- ige + fn/nm + hsz;
  ige + hsz + fn

1 b **2** b, e **3** a, b, c **MEGJEGYZÉS** A **turn
something on** jelentése megegyezhet a **put
something on** jelentésével is, különösen a brit
angolban: *It's rather dark in here. Can you* **put** *the
light* **on**? Meglehetősen sötét van itt. Felkapcsolnád
a villanyt?
4 a wear **b** wearing **c** put on
5 a Why don't you put your jacket on/put on your
jacket? **b** Don't forget to put on a tie/put a tie on!

70 ‚put sb 'out
kényelmetlenséget okoz, terhére van vkinek
- ige + fn/nm + hsz

1 b **2** a, c
3 a ✗ **b** ✔ **c** ✔ **d** ✗
4 a I hope our arriving late didn't put you out at all.
b Would it put you out too much if he came to stay
for a day or two?

71 ‚put sth 'out
elolt (*tüzet stb.*)
- ige + fn/nm + hsz;
  ige + hsz + fn

1 a **2** a, b, c, e **3 a** iv **b** iii **c** ii **d** i
4 *Javasolt válaszok:* **a** …to put out fires/put fires
out. **b** …if he would put his cigarette out/put out his
cigarette. **c** …before it was put out.

72 ˌput ˈup with sb/sth

eltűr, elvisel

■ ige + hsz + elölj + fn/nm

1 b **2** a, c, e
3 a the weather **b** the noise **c** the problem
d the dust **e** this behaviour
4 *Javasolt válaszok:* **b** Because I can't put up with
the way he talks to us. **c** Because I couldn't put up
with the noise and the traffic. **d** No, but I (can) put
up with it!

run /rʌn/ (running, ran /ræn/, run)

73 ˌrun ˈout; ˌrun ˈout of sth

kifogy (vmiből), lejár

■ ige + hsz;
ige + hsz + elölj + fn/nm

1 supply, none, used **2** a, b, d
3 *Javasolt válaszok:* **a** Because funds ran out.
b You can't. We've run out of coffee/milk.
c I think it's run out. **d** No. I've run out of money.
4 a ✔ **b** You have run out of space on the disk.
c … he soon ran out of film. **d** … as the white had
run out. **e** ✔ **f** … they're running out of ideas.

sell /sel/ (sold, sold /səʊld; USA soʊld/)

74 ˌsell ˈout; ˌsell ˈout of sth; be ˌsold ˈout

mindent elad (*készletből*), elkelt (*minden jegy*)

■ ige + hsz;
ige + hsz + elölj + fn/nm;
be + ige + hsz

1 a all, none **b** all, nothing
2 a, c, d, e, f MEGJEGYZÉS A **be sold out of**
szerkezet is használható: *They are already sold out
of tickets.* Már minden jegyet eladták.
3 *Javasolt válaszok:* **a** No they were sold out/the
shop had sold out. **b** Because they will sell out
quickly. **c** I'm afraid we've sold out.

set /set/ (setting, set, set)

75 ˌset ˈoff

útnak indul

■ ige + hsz

1 to begin a journey
2 a **3 a** After breakfast they set off down the
mountain. **b** Do you want something to eat before
you set off for work? **c** He finally set off on the first
stage of his round-the-world trip. **d** Every morning
she sets off at 6 a.m…… **e** …We didn't set off until 8
o'clock!
4 *Javasolt válaszok:* **a** I set off for college at 7.30
a.m. **b** We should set off at 9 a.m.

76 ˌset sth ˈup

létesít, alapít

■ ige + hsz + fn;
ige + fn/nm + hsz

1 b **2** a, b, c, e MEGJEGYZÉS A **he set up**
szerkezet is lehetséges, de csak bizonyos kiegészítő
kifejezésekkel együtt, például: *in business, on his
own. He set up in business in a town near Oxford.*
Üzletet nyitott egy Oxford környéki városban.
3 b When did he set it up? **c** Why did he set up his
own company? **d** Will he set up another one?

settle /ˈsetl/

77 ˌsettle ˈdown

megállapodik (vhol), letelepedik vhol

■ ige + hsz

1 a, c, e **2** a
3 *Javasolt válaszok:* **a** When are you going to settle
down? **b** Jim! I never thought he'd (get married
and) settle down! **c** Isn't it time you settled down
and got a job/had a career? **d** I don't want to settle
down (with a career) just yet.

slow /sləʊ; USA sloʊ/

78 ˌslow ˈdown; ˌslow sb/sth ˈdown

(le)lassul, (le)lassít, késleltet, (le)fékez

■ ige + hsz;
ige + fn/nm + hsz;
ige + hsz + fn

1 b **2** a, b, c, d, f
3 a bus **b** heat **c** economy **d** roadworks **e** horse

sort /sɔːt; USA sɔːrt/

79 ˌsort sth ˈout

megold, rendez, elintéz

■ ige + fn/nm + hsz;
ige + hsz + fn

1 to deal with a problem or situation in
a satisfactory way
2 a, b, c, e MEGJEGYZÉS Azt is mondhatjuk:
The problem sorted itself out. A probléma magától
megoldódott.
3 a Did you sort out the problem with the heating?
b Have they sorted out all the problems? **c** Did you
(manage to) sort out your timetable?

speak /spiːk/

(spoke /spəʊk; USA spoʊk/,
spoken /ˈspəʊkən; USA ˈspoʊ-/)

80 ˌspeak ˈup

hangos(abb)an beszél

■ ige + hsz

1 c **2** a MEGJEGYZÉS Ebben a jelentésben ezt
a kifejezést általában a *Speak up!* formában
használják.
3 b **4 a** Speak up! **b** Start again! **c** Speak up!
d Speed up! **e** Speak more quietly!

take /teɪk/ (took /tʊk/, taken /ˈteɪkən/)

81 ˌtake ˈafter sb

vkire üt, hasonlít vkire (*ősére*)

■ ige + elölj + fn/nm

1 b, d, e **2** b, d **3 a** ii **b** iv **c** iii **d** v **e** i

82 ˌtake ˈoff

(*repülőgép, madár*) felszáll

■ ige + hsz

1 to leave the ground and begin to fly
2 a, c **3** a, b **4 a** ii **b** iv **c** i **d** iii
5 *Javasolt válaszok:* Our plane was 2 hours late
taking off.

83 ,take sth 'off

levet, levesz

■ ige + fn/nm + hsz;
ige + hsz + fn

1 a **2** d **3** a, b, c, e
4 b Why don't you take your sweater off/take off your sweater? **c** I always take it off when I wash my hands. **d** No. That's why I haven't taken my coat off/taken off my coat.

84 ,take 'up sth

igénybe veszi (*idejét*), leköti (*energiáját, figyelmét*), elfoglal (*helyet*)

■ ige + hsz + fn

1 to fill a particular amount of space or time
2 a, c **3 a** doesn't/won't take up **b** takes up
c don't take up **d** was taken up **e** took up
4 a✔ **b**✔ **c**✔ **d** What space there was had been taken up by two long tables.

85 ,take sth 'up

belefog, foglalkozni kezd vmivel
(*hivatásszerűen vagy kedvtelésből*)

■ ige + hsz + fn;
ige + fn + hsz (*ritkábban*);
ige + nm + hsz

1 to start to do a new activity, especially for pleasure
2 a, b MEGJEGYZÉS A **take sailing up** szerkezet is lehetséges, de nagyon ritka.
3 a Nigel recently took up aerobics….
b He advises…on the dangers of taking up smoking.
c …, I think we should take up different instruments. **d** …, but I have now taken it up and am enjoying it. **e** I never had the time for a hobby, even if I had wanted to take one up.
4 a She decided to take up walking in order to keep fit. **b** ✔ **c** I was no good at rugby so I took up rowing. **d** There are lots of hobbies you can take up.

tell /tel/ (**told, told** /təʊld; *USA* toʊld/)

86 ,tell sb 'off

(jól) letol vkit, meg-/leszid

■ ige + fn/nm + hsz

1 a **2** a, c, e
3 a …she tells you off. **b** Why are you always telling me off?… **c** She told the children off …
d The teacher…told everyone off.

throw /θrəʊ; *USA* θroʊ/

(**threw** /θruː/, **thrown** /θrəʊn; *USA* θroʊn/)

87 ,throw sth 'away

el-/kidob

■ ige + fn/nm + hsz;
ige + hsz + fn

1 b **2** a, b, c, e
3 b Throw them away then. **c** …, so don't throw it away. **d** …, but (you should) throw away the tie/throw the tie away.

turn /tɜːn; *USA* tɜːrn/

88 ,turn sb/sth 'down

visszautasít

■ ige + hsz + fn;
ige + fn/nm + hsz

1 a **2** a, b, d, f **3** a, b, c, e, f
4 a Every record company had turned the band down so… **b** … when the Council turned down the plans for a larger school. **c** Early in his career he (had) turned down the chance of…. **d** Sadly, he had to turn down a place on a graduate course when… **e** …she couldn't imagine any woman turning him down.

89 ,turn sth 'down

lehalkít, lecsavar,

■ ige + fn/nm + hsz;
ige + hsz + fn

1 to adjust the controls on a piece of equipment in order to reduce the amount of heat, noise or light that is produced
2 b, c, d, e MEGJEGYZÉS A **turn down something** szerkezet ritkább, mint a **turn something down**.
3 *Javasolt válaszok:* **a** Can you turn the music down? **b** Do you mind if I turn the heating down a bit? **c** …but the sound had been turned down. **d** …so she turned the gas/heat down. **e** …so he put on some music and turned the lights down low.

90 ,turn sth 'off

le-/kikapcsol, elzár (*csapot, készüléket stb.*)

■ ige + fn/nm + hsz;
ige + hsz + fn

1 to stop the flow of electricity, gas or water by moving a switch, pressing a button or turning a tap
2 a, b, c, e
3 a I agree. Let's turn it off. **b** No, don't turn it off yet. **c** Sorry. I forgot to turn off the tap/turn the tap off.
4 a, b

91 ,turn sth 'on

bekapcsol, kinyit (*csapot, készüléket*),
fel-/meggyújt (*lámpát*)

■ ige + fn/nm + hsz;
ige + hsz + fn

1 to start the flow of electricity, gas or water by moving a switch, pressing a button or turning a tap
2 a, b, c, e
3 a We should turn on the heating/turn the heating on. **b** It crashes every time I turn it on. **c** …so she turned on the car radio/turned the car radio on.
4 a I forgot to turn the answer machine on when…. **b** …you'll have to turn the hot water on now.
c …Let me turn on the big light/turn the big light on for you. **d** ✔

92 ,turn 'over; ,turn sb/sth 'over

megfordul, megfordít, másik oldalára fordít

■ ige + hsz;
ige + fn/nm + hsz;
ige + hsz + fn (*ritkábban*)

1 a **2** a, b, c, d, f
3 a a card **b** a question paper **c** a hand **d** a postcard
4 a He turned over,… **b** …, turning it over in her hands. **c** Shall I turn the meat/egg/pancake over…?

93 ˌturn 'up

beállít, megérkezik

■ ige + hsz

1 b, c **2** a **3** a Yes. **b** No. **c** Yes. **d** No. **e** Yes.
4 a …What time did she turn up? **b** …, but he didn't turn up. **c** …He always turns up late. **d** …The bus didn't turn up./The bus turned up late.

94 ˌturn sth 'up

felerősít, feljebb csavar (*hangerőt, fűtést*)

■ ige + fn/nm + hsz;
ige + hsz + fn

1 to adjust the controls on a piece of equipment in order to increase the amount of heat, noise or power that is produced
2 b, c, d, f **3** a the music **b** the radio **c** the gas **d** the television
4 a …Can I/you turn it up? **b** …Do you mind if I turn the heating up/turn up the heating a bit? **c** …, so she turned the gas/oven up.

wake /weɪk/

(**woke** /wəʊk/; *USA* woʊk/, **woken** /'wəʊkən/ *USA* így is **waked** /weɪkt/)

95 ˌwake 'up; ˌwake sb 'up

felébred, felébreszt

■ ige + hsz;
ige + fn/nm + hsz;
ige + hsz + fn

1 c **2** a, b, c, d, f **MEGJEGYZÉS** A **wake yourself up** szerkezet is használható: *I fell out of bed and woke myself up.* Kiestem az ágyból, és erre felébredtem.
3 *Javasolt válaszok:* **a** No, I kept waking up/I woke up several times. **b** Yes, Don't wake him up – he's very tired.
4 a ✔ **b** Why do you always wake me up when you come home? … **c** She was woken up three times during the night…

wear /weə(r); *USA* wer/

(**wore** /wɔ:(r)/, **worn** /wɔ:n; *USA* wɔ:rn/)

96 ˌwear 'out; ˌwear sth 'out

elkopik, elhord, elkoptat

■ ige + hsz;
ige + hsz + fn;
ige + fn/nm + hsz

1 a, d **2** a, b, c, d, f
3 a …They never seem to wear out. **b** …, you'll wear it out. **c** My son usually grows out of his shoes before he wears them out/they wear out. **d** … when the knees wore out.
4 a …because the ones she had were worn out. **b** Even expensive trainers wear out… **c** …and says he wears out two pairs of shoes a year.

97 ˌwear sb/yourself 'out

kimerít, kimerül,

■ ige + fn/nm + hsz

1 d **2** b, d, f
3 a …He'll wear himself out. **b** …All that shopping has worn me out. **c** …Did the journey wear you out? **d** …There's no point wearing yourself out. **e** …I think the kids have worn him out.
4 *Javasolt válaszok:* …I've worn myself out (shopping/digging the garden, etc.) today.

work /wɜ:k; *USA* wɜ:rk/

98 ˌwork 'out

jól alakul, beválik

■ ige + hsz

1 to happen or develop in a particular way, especially in a successful way
2 a **3** a …but things didn't work out. **b** ✔ **c** ✔ **d** …Everything worked out really well.
4 *Javasolt válaszok:* **a** Fine. It's working out real▮ well. **b** Unfortunately it isn't working out very w▮

99 ˌwork sth 'out

kiszámol, kiszámít

■ ige + fn/nm + hsz;
ige + hsz + fn

1 b **2** a, c **3** a, b, c, e
4 a It took me a long time to work out the gramm▮ of phrasal verbs. **b** ✔ **c** I think it's fun to work ou▮ mathematical problems and other puzzles.
5 a 15 **b** a towel

write /raɪt/ (**wrote** /rəʊt/, **written** /'rɪtn/)▮

100 ˌwrite sth 'down

leír

■ ige + fn/nm + hsz;
ige + hsz + fn

1 to write something on paper in order to remember or record it
2 b, c, d, f
3 a Writing down new words… **b** …if it isn't written down. **c** He's always writing things down in that little book.
4 a write **b** wrote **c** write it down **d** write dowr▮

Kulcs as ismétléshez

down

1 *vmi hiánya/szünetelése:*
break down   let sb down   turn sb/sth down
csökken(t)és:
cut down   slow down   turn sth down

2 **a** let-down **b** broken-down **c** slowdown
d breakdowns

3 **a** cut **b** turn **c** settle **d** slow
e letting **f** Put **g** turned

off

1 *indulás/elhagyás:*
get off   get off sth   set off   take off
befejezés/megszakítás:
cut sb off   cut sb/sth off   log off, log off sth
turn sth off
akadályozás:
put sth off   put sb off (1, 2)

2 **a** pick up **b** get on **c** log on **d** land
e put on **f** turn on

3 **a** distract **b** postpone **c** leave **d** remove

4 **a** take-off **b** telling-off **c** off-putting

5 **a** put **b** put **c** turn **d** drop **e** got **f** been cut
g told **h** gone **i** been cut

out

1 *befejezés:*
go out (3)   put sth out
run out, run out of sth   sell out, sell out of sth,
be sold out   wear out, wear sth out
wear sb/yourself out   work out
elindulás/távozás:
check out, check out of sth
get out, get out of sth   go out (1)
megoldás:
check sb/sth out   find out, find sth out
sort sth out   work sth out

2 **a** No, let's go out. **b** The lights have gone out.
c No, I couldn't work it out either.
d Shall I help you give them out?
e When should we check out?

3 **a** a sell-out **b** worn out **c** looking for a get-out
d I'm worn out.

4 **a** put **b** run **c** put **d** get **e** check
f worn **g** left **h** sold **i** sort **j** work

up

1 *növekedés/javulás:*
blow sth up   bring sb up   cheer up
cheer sb/yourself up   grow up   speak up
turn sth up
megszüntetés/feltartás:
break up   give up, give sth up (1,2)
hang up, hang up sth   hold sb/sth up
teljesítés
fill sth up

2 **a** take up **b** undo **c** turn down **d** drop off
e put down **f** give up

3 **a** upbringing **b** hold-ups **c** made-up **d** wake-up
e break-up **f** pickup **g** look-ups

4 **a** put up with him **b** held her up **c** made one up
d hung up **e** own up **f** caught up with them
g cheered him up **h** picked up the kids

5 **a** put up with it **b** take it up **c** look them up
d he made it up

Egyéb szócskák

1 *egy bizonyos irányba történő mozgás:*
get on, get on sth   get in, get in sth
turn over, turn sb/sth over
eltávolítás:
throw sth away   give sth away
folytatás:
go on (1)
kezdés:
log on, log onto sth   turn sth on

2 **a** Hold **b** check **c** fall **d** get **e** had **f** fill

get

1 **a** iv **b** iii **c** v **d** i **e** ii **f** viii **g** vi **h** vii

2 **a** get on with **b** get off it **c** get out of it **d** get on
e get up **f** get in **g** get over it

put

1 **a** vii **b** vi **c** iv **d** ix **e** i
f v **g** viii **h** ii **i** iii

2 *Javasolt válaszok:*
a Oh I don't want to put you out (at all).
b I don't know why you put up with it.
c No, it's the smell that puts me off.
d Why don't you put your sweater on?

Az alapigékhez kapcsolódó szócskák jegyzéke

across

come across – 14

after

look after sb/sth/yourself – 56
take after sb – 81

away

give sth away – 35
put sth away – 64
throw sth away – 87

back

call back; call sb back – 8

down

break down – 5
cut down – 17
let sb down – 53
put sb/sth down – 65
settle down – 77
slow down;
  slow sb/sth down – 78
turn sb/sth down – 88
turn sth down – 89
write sth down – 100

for

look for sb/sth – 57

forward

look forward to sth – 58

in

check in; check sb/sth in – 10
fill sth in – 24
get in; get in sth – 27

off

cut sb off – 18
drop sb/sth off – 22
get off; get off sth – 28
log off; log off sth – 54
put sb off;
  put sb off sth – 66-67
put sth off – 66
set off – 75
take off – 82-83
tell sb off – 86
turn sth off – 90

on

come on – 15
get on – 29
get on; get on sth – 30
go on – 42
have sth on;
  have got sth on – 48
hold on – 49
log on; log onto sth – 55
put sth on – 69
turn sth on – 91

out

check out;
  check out of sth – 11
check sb/sth out – 12
find out; find sth out – 26
get out; get out of sth – 31
get out of sth – 32
give sth out – 36
go out – 43
leave sb/sth out;
  leave sb/sth out of sth – 53
put sb out – 70
put sth out – 71
run out; run out of sth
  sell out; sell out of sth; – 73
be sold out – 74
sort sth out – 79
wear out; wear sth out – 96
wear sb/yourself out – 97
work out – 98
work sth out – 99

over

fall over – 23
get over sb/sth – 33
turn over;
  turn sb/sth over – 92

round

come round – 16

up

be up to sb – 1
be up to sth – 2
blow up;
  blow sb/sth up – 3
blow sth up – 4
break up – 6
bring sb up – 7
catch up;
  catch sb/sth up – 9
cheer up;
  cheer sb/yourself up – 13
do sth up – 21
fill sth up – 25
get up;
  get sb up – 34
give up – 37
give up sth – 38
grow up – 46
hang up; hang up sth – 47
hold sb/sth up – 50
keep up – 51
look sth up – 59
make sth up – 60
own up;
  own up to sth – 61
pick sb/sth up – 62
put up with sb/sth – 72
set sth up – 76
speak up – 80
turn up – 93
turn sth up – 94
wake up; wake sb up – 95